やりきれるから自信がつく！

＞1日1枚の勉強で、学習習慣が定着！

◎目標時間に合わせ、無理のない量の問題数で構成されているので、「1日1枚」やりきることができます。

◎解説が丁寧なので、まだ学校で習っていない内容でも勉強を進めることができます。

＞すべての学習の土台となる「基礎力」が身につく！

◎スモールステップで構成され、1冊の中でも繰り返し練習していくので、確実に「基礎力」を身につけることができます。「基礎」が身につくことで、発展的な内容に進むことができるのです。

◎教科書の学習ポイントをおさえられ、言葉の力や表現力も身につけられます。

＞勉強管理アプリの活用で、楽しく勉強できる！

◎設定した勉強時間にアラームが鳴るので、学習習慣がしっかりと身につきます。

◎時間や点数などを登録していくと、成績がグラフ化されたり、賞状をもらえたりするので、達成感を得られます。

◎勉強をがんばると、キャラクターとコミュニケーションを取ることができるので、日々のモチベー…

使い方

学研　毎日のドリル

① 1日1枚、集中して解きましょう。

目標時間

◎ 1回分は、1枚（表と裏）です。
◎ 1日1枚ずつ使いましょう。

◎ 目標時間を意識して解きましょう。
アプリのストップウォッチなどで、かかった時間を計ります。

・「まとめテスト」で、それまでの内容が身についているか確認しましょう。

・いちばん最後に、この本の内容を総復習しましょう。

読む力
言葉は文章の力を読む力がつきます。問題に役立ちます。

書く力
表現など文章を書く力がつきます。問題に役立ちます。

② 答え合わせをしましょう。

・本のいちばん最後に、「答えとアドバイス」があります。

・答え合わせをして、点数をつけましょう。

・アドバイスを読んで、学習に役立てましょう。

解き方がわかります！

③ アプリに得点を登録しましょう。

・アプリに得点を登録すると、キャラクターが育ちます。

・勉強すると、キャラクターの成績がグラフ化されます。

♪毎日のドリル♪ 勉強管理アプリ

「毎日のドリル」シリーズ等専用、スマートフォン・タブレットで使える無料アプリです。1つのアプリで、シリーズすべてを管理でき、学習習慣が楽しく身につきます。

① 「毎日のドリル」の学習を徹底サポート！

目標の学習時間を意識しよう！

勉強中
0分20秒
目標：15分00秒
いっしゅんでていし ストップ

- 毎日の勉強タイムをお知らせする［タイマー］
- かかった時間を計る［ストップウォッチ］
- 勉強した日を記録する［カレンダー］
- 入力した得点を［グラフ化］

② キャラクターと楽しく学べる！

さかだちは とくいだ

好きなキャラクターを選ぶことができます。勉強をがんばるとキャラクターが育ち、「ひみつ」や「ワザ」が増えます。

③ 1冊終わると、ごほうびがもらえる！

勉強するドリルを選ぼう
ひらがな・カタカナ 1年 国語
全科
かん字 1年 国語
たしざん 1年 算数

ドリルが1冊終わるごとに、賞状やメダル、称号がもらえます。

これは やる気が でるっちゅ！

④ 漢字と英単語のゲームにチャレンジ！

漢字のよみがなを当てよう
川 正 四 出
かわ しゅつ よん せい
0分01秒

自己ベスト更新を目指そう！

ゲームでどこでも手軽に、楽しく勉強できます。漢字は学年別、英単語はレベル別に構成されており、ドリルで勉強した内容の確認にもなります。

アプリの無料ダウンロードはこちらから！
https://gakken-ep.jp/extra/maidori/

【推奨環境】
■各種Android端末：対応OS Android6.0以上
■各種iOS（iPadOS）端末：対応OS iOS10以上

※対応OSであっても、Intel CPU（x86 Atom）搭載の端末では正しく動作しない場合があります。※対応OSや対応機種については、各ストアでご確認ください。※お客様のネット環境および携帯端末によりアプリをご利用できない場合は当社は責任を負いかねます。ご理解、ご了承いただきますよう、お願いいたします。

1 □の言葉を組み合わせた複合語を四つ作り、（ ）に書きましょう。

1つ5点【20点】

| 冬　シャツ　道路　コップ　休み　紙　ペン　高速 |

（　　　　　　　　）・（　　　　　　　　）

（　　　　　　　　）・（　　　　　　　　）

二つの言葉を組み合わせて、一つの言葉にするんだよ。

2 例にならって、上下の言葉を組み合わせて複合語を作り、（　　　　）に書きましょう。

1つ6点【30点】

例　待つ　＋　合わせる　➡　（待ち合わせる）

① 書く　＋　なぐる　➡　（　　　　　　　　）

② 見る　＋　届ける　➡　（　　　　　　　　）

③ 軽い　＋　石　➡　（　　　　　　　　）

④ 心　＋　細い　➡　（　　　　　　　　）

⑤ 負ける　＋　いくさ　➡　（　　　　　　　　）

次のうち、複合語が作れない組み合わせは？
① ねる＋強い ② 広い＋道 ③ うすい＋暗い

5 次の長い複合語を、短く縮めた言葉を（　）に書きましょう。【12点】

● パーソナルコンピューター → （　　　　　）

ア にくい	イ づらい	ウ 回る	エ 果てる

③ 町の様子が、すっかり変わり＿＿＿。　□

② この件については、姉とちょっと相談し＿＿＿。　□

① 先生の注意を、うっかり聞き＿＿＿。　□

4 次の――線が複合語になるように、□にあてはまる言葉を□から選んで、□に記号を書きましょう。【18点】

④ 骨（ほね）　・　　・エ 組み　→ （　　　）

③ しも　・　　・ウ かさ　→ （　　　）

② 雨　・　　・イ 苦しい　→ （　　　）

① 息（いき）　・　　・ア 柱　→ （　　　）

3 上の言葉を組み合わせてできる複合語を作り、その読み方を（　）に（　）線のひらがなで書きましょう。【20点】

② 類義語

1 次の──線の熟語の類義語を、□□□から選んで□に記号を書きましょう。

1つ4点【20点】

① 遠足の<u>用意</u>をする。 □

② 友人の意見に<u>賛成</u>する。 □

③ 小学生に<u>人気</u>の映画を見る。 □

④ いろいろな<u>方法</u>をためしてみる。 □

⑤ 弟の<u>欠点</u>は、すぐ泣くことだ。 □

ア 手段	イ 同意	ウ 評判	エ 短所	オ 準備

2 次の上と下の熟語が類義語になるように、□にあてはまる漢字を□□□から選んで書き入れましょう。

1つ5点【30点】

① 天然 ＝ □然　　② 推測 ＝ □測

③ 的中 ＝ □中　　④ 利用 ＝ □用

⑤ 大事 ＝ 重□　　⑥ 内容 ＝ 中□

活	命	身	自	予	要

「類義語」とは、意味が似ている言葉のことだよ。

クイズ

次のうち、類義語の組み合わせとして適切なのはどれ？
① 命令・指示 ② 原因・結果 ③ 不安・心配

処分 しょぶん
処置 しょち

答え ▶ 81ページ

---

4 書く

次の絵に合う文を、□の言葉と□から選んだ熟語を使って書きましょう。
【1つ20点】

②
①

3

次の文の□にあてはまる熟語を、□から選んで□に記号を書きましょう。
【1つ5点 30点】

① (1) 試合開始まで、まだ□がある。
(2) そろそろ出発の□だ。
　ア 時間　イ 時刻　ウ 「時間」「時刻」の両方

② (1) 妹は、この一年で泳ぎが□した。
(2) 話が意外な方向に□する。
　ア 進歩　イ 発展　ウ 「進歩」「発展」の両方

③ (1) 職人として、十年の□を積む。
(2) 旅行で□したことを日記に書く。
　ア 経験　イ 体験　ウ 「経験」「体験」の両方

(1) □
(2) □

8

③ 外来語

⏱ 10分

1 次の □ の中から、外来語を四つ選んで（　）に書きましょう。

１つ4点【16点】

| 絵本 | ラジオ | とうふ | 預ける | パーティー |
| ガス | 実験 | 楽しい | レンズ | 野球 |

（　　　　　　　）・（　　　　　　　）

（　　　　　　　）・（　　　　　　　）

「外来語」とは、外国から入ってきて、日本語に取り入れられた言葉のことだよ。

2 次の①〜⑥の言葉と同じ意味の外来語を、□ から選んで（　）に書きましょう。

１つ5点【30点】

① 見本（　　　　　　　）　　② 速度（　　　　　　　）

③ 計画（　　　　　　　）　　④ 助言（　　　　　　　）

⑤ 合図（　　　　　　　）　　⑥ 規則（　　　　　　　）

| アドバイス | プラン | スペース | サイン |
| サンプル | テーマ | スピード | ルール |

クイズ
次のうち、外来語はどれ？
①てんぷら ②ヒント ③まんが

---

4 次の外来語の意味を、□から選んで□に記号を書きましょう。【1つ8点】

① ミーティング [　]
② イベント [　]
③ コミュニケーション [　]

ア 言葉や文字などで、気持ちや意見を取り合わせること。
イ 行事。もよおし物。
ウ 打ち合わせや相談のための集まり。

---

3 次の①～⑥の外来語のもとになっている言語を、□から選んで□に記号を書きましょう。【1つ6点】

① オルゴール・ペンキ・ガラス・コップ・ゴム [　]
② アルバイト・テーマ・カルテ・エネルギー・メルヘン [　]
③ カルタ・オルガン・カステラ・パン [　]
④ クレヨン・アトリエ・コンクール・デッサン [　]
⑤ カレンダー・ハンカチ・ジュース・テレビ [　]
⑥ ピアノ・オペラ・サラダ・スパゲッティ [　]

ア 英語
イ フランス語
ウ イタリア語
エ ドイツ語
オ オランダ語
カ ポルトガル語

表現のくふう

1 次の文の（　）にあてはまる言葉を、□□□から選んで書きましょう。

1つ6点【18点】

① 海面が（　　　　　　　）光っていて、とても美しい。

② ぼくたちは、（　　　　　　　）と続く山道を歩き続けた。

③ 強い西風が（　　　　　　　）ふいている。

> くねくね　　そよそよ　　ビュービュー　　きらきら

2 次の文の表現のくふうに合う説明を、□□□から選んで□に記号を書きましょう。

1つ7点【28点】

① 麦のほが風になびいて、まるで波のようだ。

② ぼくたちのチームは勝った、昨年度の優勝校に。

③ ひまわりが、太陽に向かって話しかけている。

④ 「にじだ、にじだ。にじが見えるよ。」と弟が言った。

> ア　反復…同じ言葉をくり返している。
> イ　比喩…たとえて表現している。
> ウ　倒置…言葉の順番をかえている。

次のうち、比喩が使われている文はどれ？
① ブーローのような手だ。
② 小鳥のようなさえずりが聞こえる。
③ 心のスケッチ写す。

答え ● 81ページ

③ 言葉の順番をかえている（倒置）。

② たとえで表現している（比喩）。

① 同じ言葉をくり返している（反復）。

読む力 4 次の文章中から、後の①〜③にあてはまる文をぬき出して、その初めの五字を書きましょう。（。や、や「などは字数にふくめます。）　一つ10点【30点】

今年の夏休みは、家族で山に登った。その日は晴れていて、空には雲一つない、すばらしい天気だった。

最初はみんな元気で、歌を歌いながら登っていった。でも、少しずつ登り続けていくうちに、だんだんつかれてきた。

ようやく頂上に近づいてきた。

頂上に着いた。みんなで食べたおにぎりは、とてもおいしかった。その日は、いつまでも心に残った。

① 宝くじが当たった。（　　　　　　　）←

② パンダを見てきた。（　　　　　　　）←

③ 正直に話しなさい。（　　　　　　　）←

書く力 3 例にならって、次の文の言葉の順番を入れかえて書きましょう。　一つ8点【24点】

例　雪が降ってきた。外が。→（降ってきた、外に雪が。）

1 次の——線の言葉が複合語になるように、◯〜④にあてはまる言葉を、 から選んで◯に記号を書きましょう。 一つ4点【16点】

ぼくのおじいちゃんは、口 ① 性格だ。ぼくの行動に対しても、手 ② ことを言うことが多い。

けれども、おばあちゃんと世間 ③ をしているときのおじいちゃんは、いつも楽しそうだ。二人は、おたがいに良い相談 ④ で、仲が良い。ぼくは、そんな二人が大好きだ。

① [　]　② [　]　③ [　]　④ [　]

ア 相手　イ 話　ウ 事
エ 厳しい　オ 難しい　カ うるさい

2 次の文の◯にあてはまる熟語を、 から一つずつ選んで、漢字に直して書きましょう。 一つ5点【30点】

① 私は、歴史と音楽に◯がある。 [　　][　　]

② 学級委員としての◯を果たす。 [　　][　　]

③ ◯な問題から解き始める。 [　　][　　]

かんしん　かんたん　しんぽ　やくめ
にんむ　もちみ　ようい　けつい

5 次の文を、〈 〉の指示にしたがって書きかえましょう。　【12点】1つ6点

① 〈言葉の順番を入れかえて、印象を強くしよう。〉

「まどから見える景色は、すばらしい。」

（　　　　　　　　　　　　　　　　　）

② 〈文中のある言葉をくり返して、気持ちを強めよう。〉

「ぼくたちは、君のいうことをしんじている。」

（　　　　　　　　　　　　　　　　　）

---

4 次の外来語の意味を、□から選んで（　）に書きましょう。　【30点】1つ5点

① テーマ（　　　　）　③ コピー（　　　　）　⑤ クレーム（　　　　）

② スペース（　　　　）　④ コンテスト（　　　　）　⑥ テンポ（　　　　）

空間	速度	主題	複写	苦情	競技会

---

3 次の□の中から、外来語を二つ選んで（　）に書きましょう。　【12点】1つ4点

（　　　　　）・（　　　　　）

かばん	だいこん	おどる	いきる	スポーツ	ボタン	スケート	絵画

6 古語と現代語①

1 次の──線の言葉とほとんど同じ意味の言葉を、□から選んで□に記号を書きましょう。 1つ5点【35点】

① 今日は寒いので、首にマフラーを巻いて出かけた。

② かき氷を、スプーンですくって食べる。

③ 父が、コートに付いた雪をはらい落としてくれた。

④ 洋服をぬいで、ハンガーにかける。

⑤ 来年のカレンダーを、早めに買っておく。

⑥ 天気がよいので、シーツを洗って干す。

⑦ 新しいノートに、今日から日記をつける。

ア にしき	イ えもんかけ	ウ かとう
エ さじ	オ 帳面	カ しきふ
キ えりまき		

ア〜キは、むかしの時代に よく使われていた言葉だね。

15

クイズ

あなたは「水色」にいちばん近い色は？
① 水色　② だいだい色　③ もも色

2 次の──線の言葉とほぼ同じ意味の言葉を、それぞれあとから選んで□に記号を書きましょう。

【得点】13問中　65点

① 去る者は日々に__うとし__。

ア うるさい。
イ 悲しい。
ウ 交わりがうすくなる。
エ 美しい。

② __せいては__事を仕損じる。

ア 一度に二つの仕事をしようとすると。
イ 早くしようとあせると。
ウ ゆっくり歩いているとき。
エ のんびり言われていると。

③ 備え__あれば__うれいなし。

ア 楽をしていないこと。
イ 美しく。
ウ 心配をしていないこと。
エ ...

④ 実るほど__頭__を垂れる稲穂かな。

ア 頭。
イ 背中。
ウ 言葉。
エ ...

⑤ __先んずれば__人を制す。

ア 他人の行動が先にわかれば。
イ 他人から学ぶことができれば。
ウ 他人より先に行動したとき。
エ 他人より先に行動したのでは。

1 次の古文と、後の現代語に直した文章を読んで、――線の言葉の現代での意味を（　）に書きましょう。　一つ8点【32点】

春は①あけぼの。②やうやう白くなりゆく③山ぎは、すこしあかりて、④紫だちたる雲の細くたなびきたる。

（清少納言「枕草子」より）

〔現代語〕春は夜明けのころがいい。だんだんと白くなっていく空の、山に近い辺りが、少し明るくなって、紫がかった雲が細く横に長く引いているのがいい。

① （　　　　　　　）　② （　　　　　　　）

③ （　　　　　　　）　④ （　　　　　　　）

二つの文章を、よく比べてみてね。

2 次の――線の言葉とほとんど同じ意味の言葉を、それぞれ□□□から選んで□に記号を書きましょう。　一つ6点【12点】

① いくたびも雪の深さを尋ねけり　正岡子規

□

ア　何日も。　　イ　何回も。
ウ　どんなときでも。　エ　行くならば。

② 春の海終日のたりのたりかな　与謝蕪村

□

ア　夕暮れ。　　イ　朝方。
ウ　一日中。　　エ　毎日。

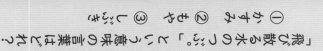

クイズ

「飛び散る水の②『　』、③『　』という意味の言葉はどれ？
① かすみ
② とぶ
③ ちぢむ

③（　　　　　　　）

①（　　　　　　　）　②（　　　　　　　）

〔現代語〕秋は夕暮れ
がよい。夕日が
さして山の端に
とても近くなって
いるときに、烏が
寝るところへ行こ
うとして、三羽四
羽、二羽三羽など
飛んで急いでいる
様子まで、しみじ
みとした趣が感じ
られる。

秋は夕暮れ。
夕日の①さして山の
端いと②近うなりたる
に、烏(からす)の寝(ね)どころへ
行くとて、三つ四つ、
二つ三つなど飛び
急ぐさへあはれなり。
〔清少納言「枕草子」より〕

読む力 4

次の古文と、後の現代語に直した文章を読んで、──線の言葉の現代での意味を（　）に書きましょう。【1つ8点／24点】

①　□
②　□
③　□
④　□

ア　飛びかかる
イ　にげかくれる
ウ　いっている
エ　ほんとに
も　とび

〔現代語〕夏は夜
①（　）。月のこ
ろは言うまでもな
い。闇夜もやはり
②（　）、蛍がた
くさん飛びかって
いる。また、ほん
の一つ二つなど、
③（　）光って飛
んでいくのも
④（　）。雨が降る夜も
蛍のように光って飛
んでいく

夏は夜。月のころはさらなり、
闇もなほ、蛍の多く飛びちがひ
たる。また、ただ一つ二つなど、
ほのかにうち光りて行くもをかし。
雨など降るもをかし。
〔清少納言「枕草子」より〕

読む力 3

次の古文と、後の現代語に直した文章を読んで、①～④の□□にあてはまる言葉を、後の□□から選んで、□に記号を書きましょう。【1つ8点／32点】

8 季節や時を表す言葉

1 次の □ の一日の時間を表す言葉を、朝・昼・夕方・夜にあてはめて、( )に書きましょう。 1つ3点【12点】

① 朝 ( )　　② 昼 ( )

③ 夕方 ( )　　④ 夜 ( )

> 正午　　たそがれ　　夜ふけ　　あけぼの

2 次の言葉が表す月を、□ から選んで( )に書きましょう。 1つ5点【20点】

① 師走 ( )　　② 皐月 ( )

③ 弥生 ( )　　④ 水無月 ( )

> 三月　　五月　　六月　　九月　　十二月

3 次の月と関係の深い言葉を、□ から選んで( )に書きましょう。 1つ5点【20点】

① 三月 ( )　　② 三月 ( )

③ 七月 ( )　　④ 九月 ( )

> ひな祭り　　田植え　　月見　　節分　　七夕

19

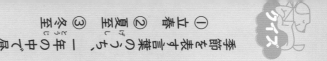

答え ▶ 82ページ

クイズ

季節を表す言葉の
①立春　②夏至　③冬至
のうち、一年の中で昼が最も長い日を何というか？

---

5 次の言葉を、それぞれの言葉が表す季節に分けて（　）に書きましょう。【1つ2点】

| 梅（うめ） | 海水浴 | 雪解け | 入道雲 | 除夜のかねもち | 白鳥 | 銀世界 | 豆まき | 十五夜 | 花見 | つばめ |

① 春（　　　　　　　　　）

② 夏（　　　　　　　　　）

③ 秋（　　　　　　　　　）

④ 冬（　　　　　　　　　）

---

4 次の説明にあてはまる雨の名前を、　　から選んで　□　に記号を書きましょう。【1つ6点】

ア　春雨（はるさめ）
イ　梅雨（つゆ）
ウ　夕立（ゆうだち）
エ　時雨（しぐれ）

① 夏の夕方に、急に激しく降る雨。　□

② 梅や桜の花がさくころに、静かに降る弱い雨。　□

③ 秋から冬にかけて降ったりやんだりする雨。　□

④ 六月から七月にかけて降り続く雨。　□

降る時期によって、雨の名前がちがっているんだね。

20

漢字と仮名

1 仮名の由来について説明した次の文章の（　）にあてはまる言葉を□から選んで書き入れましょう。　（1つ4点 24点）

　日本には、もともと文字がなかったので、（　　　　）から漢字が伝わると、古代の日本人は漢字を利用して日本語を書き表す方法を考えました。春を「波留」、海を「宇美」としたように、漢字をその（　　　　）と関係なく（　　　　）だけを使って日本語の発音にあてはめたのです。このような使い方の漢字を、「（　　　　）」といいます。

　平安時代になると、漢字を元にして平仮名と片仮名が作られました。（　　　　）は、漢字をくずして作られたものです。また、（　　　　）の多くは、漢字の一部を取って作られたものです。

音	意味	万葉仮名	片仮名	平仮名	中国

2 次の①～③の漢字からできたとされているひらがなを、□から選んで□に記号を書きましょう。　（1つ4点【12点】）

① 計 □　　② 以 □　　③ 礼 □

ア る	イ い	ウ け	エ た	オ れ

「止」からつくることばを三つかんがえてみよう？
①上
②と
③正...

---

5 現在、日本語の文章を表す字（文字）には四種類があります。次の文字は、一字で意味を表す文字（表意文字）と、一字だけでは意味を表さず、音だけを表す文字（表音文字）に分けて、ア・イの記号を書きましょう。

① 漢字　[　　]
② 平仮名　[　　]
③ 片仮名　[　　]
④ ローマ字　[　　]

【1つ4点 16点】

（ローマ字は、A・K・…ですよ。かんたんだね。）

---

4 次の①～⑥のもとになった漢字を □ から選んで記号を書きましょう。

① ナ　[　]
② ク　[　]
③ 〵　[　]
④ ホ　[　]
⑤ ル　[　]
⑥ つ　[　]

ア	流	ホ
イ	保	
ウ	奈	ル
エ	和	
オ	部	つ
カ	多	

【1つ4点 24点】

---

3 次の①～⑥のもとになった漢字を □ から選んで記号を書きましょう。

① あ　[　]
② え　[　]
③ へ　[　]
④ た　[　]
⑤ て　[　]
⑥ ゆ　[　]

ア	由	た
イ	衣	
ウ	木	て
エ	安	
オ	久	ゆ
カ	天	

【1つ4点 24点】

10 言葉の知識 短歌・俳句

1 次の短歌を読んで、後の問いに答えましょう。

一つ10点【40点】

1 東の野にかぎろひの立つ見えてかへり見すれば月かたぶきぬ₍₁₎

柿本人麻呂

2 石走る垂水の上のさわらびの萌え出づる春になりにけるかも₍₂₎
※垂水…たき。

志貴皇子

3 金色のちひさき鳥のかたちして銀杏ちるなり夕日の岡に

与謝野晶子

4 晴れし空あふげばいつも

　口笛をふきたくなりて

　ふきて遊びき

石川啄木

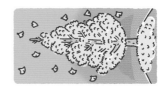

① ──線(1)・(2)の意味をア〜ウから選んで、□に記号を書きましょう。

(1)｛ ア しずみそうもない。　イ しずみかけていた。
　　 ウ すっかりしずんでしまった。 □

(2)｛ ア なるかもしれない。　イ なったのだろうか。
　　 ウ なったことだなあ。 □

② 次の、短歌を解説した文に合うのは、1〜4のどの短歌ですか。□に番号を書きましょう。

(1) 少年のころを思い出してよんだものでしょうか。あまずっぱいなつかしさを感じさせる歌です。 □

(2) 秋の夕日に照らされてひらひらと落ちていく葉。美しい情景を、映像のように見せてくれる歌です。 □

クイズ

次のうち、夏の季語はどれ？
① 花火　② 五月雨（さみだれ）　③ 潮干（しおひ）がり

（　　　　　）

---

3 読む・書く

次の俳句は、どのような場面をよんだものですか。□にあてはまる言葉を（　）に書きましょう。【20点】

● 大根引き大根で道を教へけり
　　　　　　　小林一茶（こばやしいっさ）

冬の畑で大根を引きぬいて、その大根で道を□（　　　　　）（　　　　　）人がいる場面。

---

2 次の俳句を読んで、後の問いに答えましょう。【40点】

3　春の海終日（ひねもす）のたりのたりかな　与謝蕪村（よさぶそん）

2　閑（しず）さや岩にしみ入る蝉（せみ）の声　松尾芭蕉（まつおばしょう）

1　赤とんぼ筑波（つくば）に雲もなかりけり　正岡子規（まさおかしき）
　　＊筑波＝筑波山

① □に、この俳句の季語を書きましょう。

季語（　　　　　）

② □に、この季語が表す季節を漢字一字で書きましょう。

季節（　　　　　）

次の、俳句を解説した文に合うのは、1〜3のどの俳句ですか。番号を書きましょう。【一つ10点(30点)】

(1) 晴れわたった春の海の、うねうねと波打つような、のったりとした情景をおだやかな言葉で表現しています。

(2) 岩にしみ入るような蝉の鳴き声だけが聞こえてくる、静まりかえった中で独特の情景をとらえています。

(3) 色もわからないほどの単調な海の風景に、赤がぐんぐん群れて飛んでいるように表現しています。

（　）（　）（　）

1 次の古文と現代語に直した文章を読んで、——線の言葉の現代での意味を（　）に書きましょう。

1つ6点【24点】

冬は①つとめて。雪の降りたるはいふべくにもあらず。霜の②いと白きも、また③さらでも、いと寒きに、火など急ぎおこして、炭持て④渡るも、いとつきづきし。

（清少納言「枕草子」より）

〔現代語〕冬は早朝がよい。雪が降り積もった早朝はいうまでもない。地面におりている霜がたいへん白くても、またそうでなくても、たいへん寒い朝に、火を急いでおこして、炭を持って運ぶのも、たいへん（冬の早朝に）ふさわしい。

① （　　　　　　　）　　② （　　　　　　　）

③ （　　　　　　　）　　④ （　　　　　　　）

2 次の言葉は、春・夏・秋・冬のどの季節を表しますか。それぞれ□に書きましょう。

1つ4点【32点】

① もみじ　□　　　② 豆まき　□

③ こがらし　□　　④ うぐいす　□

⑤ すすき　□　　　⑥ ひまわり　□

⑦ 風りん　□　　　⑧ 雪解け　□

5 次の短歌と俳句を読んで、後の問いに答えましょう。 【1つ5点/20点】

ア 夏の風　山より来たり　三百の　牧の若馬　耳ふきぬ　　与謝野晶子

イ 菜の花や月は東に日は西に　　与謝蕪村

ウ 柿くへば鐘が鳴るなり法隆寺　　正岡子規

① 一つの短歌（え）は――線ア～ウのうち、昔のかなづかいが使われているものを一つ選んで、文章へと書きかえるとき、□に記号を書きましょう。

② 俳句2・3のうち、春の季語が使われているのはどちらですか。□に番号を書きましょう。また、その季語をよみ（　）に書きますか。

4 次の説明に合うものは□に記号を書きましょう。 【1つ4点/12点】

① 平安時代に、主に漢字の一部を取って作られた。

② 平安時代に、主に漢字をくずして作られた。

③ 昔、漢字の音を使って日本語の発音にあてはめた。

ア 万葉仮名　イ 平仮名　ウ 片仮名　のどれ

3 次の①～③の漢字からできたかなを、選んだ□に記号を書きましょう。 【1つ4点/12点】

① 大　② 久　③ 安

ア え
イ へ
ウ あ
エ ス
オ ゆ

文の組み立て①

1 次の文の文型を　　　から選んで、□に記号を書きましょう。 一つ5点【30点】

① かきが、実る。　□　　② かきは、果物だ。　□

③ りんごは、赤い。　□　　④ りんごが、転がる。　□

⑤ これは、みかんだ。　□　　⑥ みかんが、安い。　□

ア　何が（は）　——　どうする。
イ　何が（は）　——　どんなだ。
ウ　何が（は）　——　何だ。

ア〜ウは、文の基本となる型だよ。

---

2 次の文の主語に——線、述語に〜〜〜線を引きましょう。

両方できて一つ5点【20点】

① 姉は、音楽大学の　学生です。

② 昨日、ぼくは、近くの　児童館へ　行った。

③ 訓練すると、犬は、言う　ことを　よく　聞く。

④ 夕方に　なると、西の　空が　夕日で　赤く　染まる。

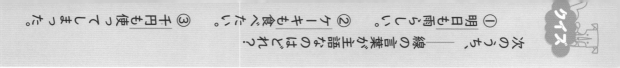

答え ▶ 83ページ

次のうち、──線の言葉が主語なのはどれ？
①明日も雨がふるらしい。
②ケーキなら食べたい。
③千円も使ってしまった。

3 「に」「から」「より」「など」「ばかり」などがついて、文をくわしくする言葉を「修飾語」といいます。次の──線の言葉をくわしくする修飾語の横に、──線を引きましょう。　【1つ8点】

① おかの上から海がよく見えた。

② 元気な歌声が大空にひびく。

③ 校庭でサッカーの試合がある。

4 次の──線の言葉は、どの言葉をくわしくしていますか。その言葉の横に、──線を引きましょう。　【1つ12点】

① すずしい風がカーテンのすき間から入ってきた。

② 昨日、ぼくは庭に木を植えた。

5 ──線の言葉が　　の言葉をくわしくする修飾語になるように、○に「に・へ・で・を」のいずれかの言葉を書き入れましょう。　【1つ5点・20点】

① ⑦ きれい○ 皿を 洗う。
　 イ きれい○ 皿を 洗う。

② ⑦ ランチの 食堂で、軽○ 昼食を とる。
　 イ ランチの 食堂で、軽○ 昼食を とる。

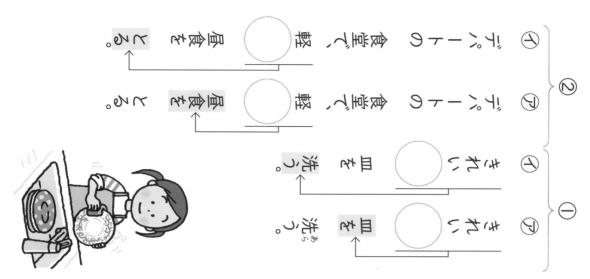

文の組み立て②

1 次の文には、「主語—述語」の関係が二組あります。図を参考にして、文の組み立てを説明した後の文章の（　）に合う言葉を、文からぬき出して書き入れましょう。

1つ6点【24点】

● 兄がかいた油絵が、コンクールで入賞した。

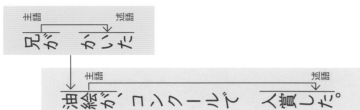

この文全体の主語は「（　　　　　）」、述語は「（　　　　　）」で、「コンクールで」はその述語に係る修飾語です。もう一つの「主語—述語」の組み合わせである「（　　　　　）—（　　　　　）」は、ひとまとまりで文全体の主語を修飾しています。

2 次の文の種類を、　　から選んで□に記号を書きましょう。

1つ6点【18点】

① 花がさき、鳥が飛ぶ。　□

② 机の上に、えんぴつ立てがある。　□

③ 妹がなくした筆箱が見つかった。　□

> 主語・述語の関係になっている部分に線を引いてみると、わかりやすいですよ。

ア 単文…主語・述語の関係が一組ある。

イ 重文…対等の主語・述語の関係が二組ある。

ウ 複文…対等でない主語・述語の関係が二組ある。

答え ▶ 83ページ

クイズ

次のうち、主語と述語の両方がある文はどれ？
① 昨日、図書館に行った。
② 明日は雨らしい。
③ きれいな星空がながめる。

書く力

4 例にならって、①・②の文を分けて、同じ内容を書き表しましょう。
1つ4点【18点】

例　兄が木を植えた。 →〔兄が木を植えた。その木が育った。〕

① 父が植えた木が育った。

② 図工の先生が作った美しい花だんを見たぼくたちは感動した。

---

3 次の①・②の文の組み立てを図で表した場合、□にあてはまる言葉を書き入れましょう。
1つ5点【40点】

① これは、母が作ったケーキです。

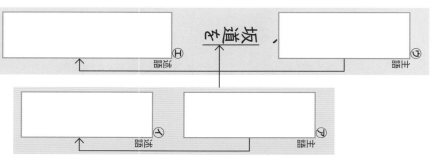

（ア 主語／イ 述語／ウ 主語／エ 述語）

② ぼくは、日の当たる坂道を歩いた。

坂道を

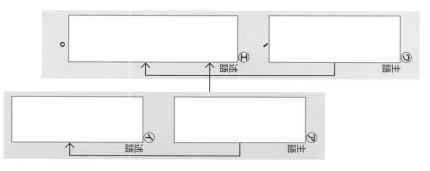

（ア 主語／イ 述語／ウ 主語／エ 述語）

一つの文の中に、主語と述語が、それぞれ二つずつあるよ。

接続語の働き

1 次の文の（　）にあてはまる接続語を、▢から選んで書き入れましょう。また、その接続語の働きを、▨から選んで□に記号を書きましょう。

1つ5点【60点】

① 今日は学校を休む。（　　　　　）、頭が痛いからだ。 □

② 強い風がふいている。（　　　　　）、海は静かだ。 □

③ 紅茶がいいですか。（　　　　　）、緑茶がいいですか。 □

④ 元気そうだね。（　　　　　）、今日は何をしようか。 □

⑤ 今日は天気がよい。（　　　　　）、ふとんを干した。 □

⑥ 兄は野球が得意だ。（　　　　　）、サッカーもうまい。 □

それとも　　ところで　　しかし
なぜなら　　だから　　しかも

「接続」を
ア「順接」、
イを「逆接」
というよ。

ア　前のことがらが原因や理由となり、その順当な結果が後にくる。
イ　前のことがらから予想されることとは逆の結果が後にくる。
ウ　前のことがらに後のことがらを付け加えたり、並べたりする。
エ　前のことがらについて、後で説明する。
オ　前のことがらと後のことがらのどちらかを選ぶ。
カ　前のことがらから後のことがらに、話題を変える。

次の、①「すると」②「そして」③「しかも」と同じ働きの接続語はどれ?

答え ▶ 83ページ

② 今日は風が強い。　　　少し前から雨も降りだした。

---

3 書く力

例にならって、次の文を二つの文に分けましょう。

例 小林さんは責任感が強いので、集合時間に間に合った。

例 ねぼうをしたが、集合時間に間に合った。

→〔ねぼうをした。けれども、集合時間に間に合った。〕

① 小林さんは責任感が強いので、みんなに信らいされている。〔1問8点〕

2

次の文の働きをする接続語に──線を引きましょう。また、その接続語と同じ働きをする接続語を　　から選んで、その記号を　　に書きましょう。

【1問24点】

① 友達の家に遊びに行った。しかし、友達はいなかった。□

② 今度、動物園に行こうよ。それとも、水族館がいいかな。□

③ よっしゃ、宿題が終わった。ところで、今日の夕飯は何かな。□

④ 今年は本をたくさん読みたい。そして、映画も見たい。□

ア ところで
イ それから
ウ というのは
エ それとも

意味が変えられても、同じ意味の接続語を選ぼう。

指し示す言葉

読む力 1 次の□□の言葉が指し示している部分に、──線を引きましょう。

一つ10点【40点】

① げんかんのチャイムが鳴った。ぼくは、**そのとき**、庭にいた。

② 父は、いつも大きなかばんを持って仕事に行く。**その中**には、書類やノートパソコンが入っている。

③ 今日は、バレエの公演を見に行く日だ。私は、**この日**が来るのを何か月も前から楽しみにしていた。

④ イカには、夜になって暗くなると光に集まる習性がある。**そんな**習性を利用して漁が行われる。

> ふつう、指し示している部分は、指し示す言葉よりも前にあるよ。

書く力 2 例にならって、──線の文を、「その」を使って同じ意味を表す文に書きかえましょう。

一つ10点【20点】

例 私が住んでいる町の外れに、大きな森林公園がある。<u>大きな森林公園の横には、小川が流れている。</u>

➡ （その横には、小川が流れている。）

① ぼくは、学校の教科では、算数と国語と体育が好きだ。<u>算数と国語と体育の中でいちばん得意なのは、算数だ。</u>

（　　　　　　　　　　　　　　　　　　　　　　　　　）

② サッカーの試合をいっしょに見に行く友達が、むかえに来てくれた。<u>ぼくは、友達がむかえに来てくれたとき、まだねていた。</u>

（　　　　　　　　　　　　　　　　　　　　　　　　　）

「私の家の庭に桜の木がある。その横に小さな池がある。」の「その」が指すのは？

① 私の家　② 私の家の庭　③ 桜の木

ゾウは、鼻を器用に使っ
ている。ゾウは、鼻を器用に使っ
て、飼育されているゾウで
も、えさを食べたり、水
を飲んだりする。アフリ
カゾウは、水を飲んだり
しても、えさを食べたく
ても、水を飲んだりする
アフリカゾウは、一頭だけ見
かける。家族で動物園に
行って見たゾウもある。

・同じ内容の部分を、指示語「その」などの「そんな」を使って表す。
・省略したほうがすらすら読み進められる主語を省略する。（2か所）。

4 次の文章は、同じ言葉や同じ内容が何回もくり返されていて、まどろっこしい文章です。□□□の指示語に直して、「まどろっこしさ」がなくなるように文章に書き直しましょう。　1か所10点【30点】

（　　　　　　　　　　　　　　）

3 次の⑦と⑦の文がそれぞれ同じ内容になるように、□□□に共通して入る言葉を、「その」を使って書きましょう。【10点】

①
⑦ 深海は暗い。
⑦ 深海は暗い。なぜなら、□□、光が届かないからだ。

②
⑦ 母が妹をほめた。
⑦ 母が妹をほめた。なぜなら、□□、絵画展で入賞したからだ。

16 敬語①

1 次の①〜③の説明にあてはまる敬語の種類を、□□□から選んで□に記号を書きましょう。 1つ5点【15点】

① あまり親しくない人や大勢の人の前で話すときなどに、言葉や文の終わりをていねいに言う言い方。 □

② 話している相手や話題になっている人の動作について、敬う気持ちを表す言い方。 □

③ 自分や身内の人の動作をけんそんして言うことで、その動作を受ける人に対して敬う気持ちを表す言い方。 □

> ア 尊敬語　　イ 謙譲語　　ウ ていねい語

2 次のア・イのうち、敬語を使った言い方の文を選んで、（　）に○をつけましょう。 1つ5点【15点】

①
- ア（　）グループの友達四人で手紙のやりとりをする。
- イ（　）友達のお母さんに、母からの手紙をおわたしする。

②
- ア（　）今年の花火大会は七月二十日の予定です。
- イ（　）七月二十日に、花火大会を見に行くつもりだ。

③
- ア（　）そろそろ、先生がお帰りになる時間だ。
- イ（　）そろそろ、家に帰らなければならない時間だ。

3 次の□に「お」か「ご」を書いて、敬語にしましょう。 1つ5点【15点】

① □卒業　② □茶　③ □欠席

クイズ

「行く」を敬語に言いかえるときは、①たずねる ②たずねられる ③うかがう？

---

6 次の——線の敬語の種類を、右の□□□から選んで□に記号を書きましょう。 【1つ5点/20点】

アヤウ
ア 尊敬語
イ 謙譲語
ウ ていねい語

④ 先生は、もう帰られたよ。　□

③ 明日、クラス全員に話します。　□

② ぜひ一度、作品を拝見したいと思う。　□

① 先生がお話しになる。　□

---

5 次の①・②の文を、ていねいな語を使った言い方にかえましょう。 【1つ5点/10点】

② 早くねる。 →（　　　　　　）

① 兄は高校生だ。 →（　　　　　　）

---

4 次の①〜⑤の言葉を敬語に言いかえたものを、下のア〜オから選びましょう。 【1つ5点/25点】

⑤ もらう　・

④ くれる　・

③ いる　・

② 見る　・

① 言う　・

オ 拝見する
エ くださる
ウ おっしゃる
イ いただく
ア いらっしゃる

目標 10分

月　日

得点　点

1 次の（　）にあてはまる敬語を、□□から選んで書き入れましょう。

一つ4点【16点】

① 兄が、校長先生から優秀賞の賞状を（　　　　　　）。

② 先生が、私にお手紙を（　　　　　　）。

③ これから先生方が、会議を（　　　　　　）。

④ 先生に、畑でとれた野菜を（　　　　　　）。

だれの動作なのかをおさえよう。

なさる　　いたす　　くださる　　差し上げる　　いただく

---

2 次の──線の部分を、〈　〉の言い方に直して書きましょう。

一つ6点【12点】

① 先生が外出する。〈「れる」を使った尊敬語〉

　➡ 先生が（　　　　　　　　　　）。

② お客様を駅まで送る。〈「お──する」という形を使った謙譲語〉

　➡ お客様を駅まで（　　　　　　　　　　）。

3 次の──線の敬語の使い方が正しいものには○、まちがっているものには×をつけましょう。

一つ4点【16点】

①（　）父は、夜八時ごろにお帰りになります。

②（　）市長は、大変なご苦労をなさった方だ。

③（　）「来週、授業参観があります。」と、先生が申し上げた。

④（　）明日の個人面談には、母の代わりに祖母が参ります。

「会」を敬語に言いかえるとどうなりますか？
① お目にかかる
② お会いする
③ 拝見する

⑤（　　　　　　　）

③（　　　　　　　）　④（　　　　　　　）

①（　　　　　　　）　②（　　　　　　　）

---

5 次の会話は、健太さん（小学六年生）が、町内会の村田さんの家に、先生の言葉を伝える場面です。――線の言葉を、相手や場面に適した敬語に直して（　）に書きましょう。
一つ8点【40点】

> 健太さん「①（　　　　　）。」
> 村田さん「はい、そうです。」
> 健太さん「町内会の村田さんの、お父さんは、ご在宅ですか。」
> 村田さん「父は今、②（　　　　　）が、どうかしましたか。」
> 健太さん「週末にお父さんに会いたいのですが、いつ③（　　　　　）か。」
> 村田さん「ええと、今度の日曜日なら……。」
> 健太さん「では、④（　　　　　）とお父さんに伝えてください。」
> 村田さん「はい。もう一度、あなたのお名前を⑤（　　　　　）か。」

---

4 次の文が、正しい敬語の使い方になっているかどうかを考えて、正しく使われている敬語を（　）に、まちがっている敬語を　□　に書き直しましょう。
一つ8点【16点】

① 父が、先生にいらっしゃるように料理をめし上がる。

（　　　　　）→ □

② 明日、先生が家に参るとお母さんに伝えます。

（　　　　　）→ □

18 かくにんテスト③

名前

目標 15分

月 日

得点

1 次の文章を読んで、後の問いに答えましょう。 【24点】

> 私には兄と姉がいる。兄はスポーツが得意で、姉はおかし作りが得意だ。姉は月に何回か、おかしを作るので、私はその日を楽しみにしている。昨日も私たちは、姉が焼いたクッキーを食べた。

① ——線の文は、単文・重文・複文のうち、どれですか。 (8点)

（ ）

② 〜〜〜線の文には「主語―述語」の関係が二組あります。次の(1)・(2)にあてはまる言葉を（ ）に書きましょう。 両方できて一つ8点(16点)

(1) 文の骨組みになる「主語―述語」の関係。

主語（ ） 述語（ ）

(2) 「クッキーを」を修飾する、部分の「主語―述語」の関係。

主語（ ） 述語（ ）

2 次の文を接続語を使って、二つの文に分けましょう。 一つ7点【14点】

① みんなで話し合ったが、結論は出ていない。

（ ）

② 新幹線に乗りたいし、飛行機にも乗りたい。

（ ）

⑤ 次の──線の部分を、〈　〉の言い方に直して（　）に書きましょう。
【1つ7点・21点】

① 先生は、今、職員室にいる。〈特別な言葉を使った尊敬語〉

先生は、今、職員室に（　　　　）。

② 先生から本をもらう。〈特別な言葉を使った謙譲語〉

先生から本を（　　　　）。

③ 社長が会議で発言する。〈特別な言葉を使った尊敬語〉

社長が会議で（　　　　）。

---

④ 次の──線の敬語の種類を、□から選んで□に記号を書きましょう。
【1つ5点・20点】

ア 尊敬語	
イ 謙譲語	
ウ ていねい語	

③ 先生がお帰りになる。　□

① 先生の予定を、うかがう。　□

④ 先生をお待ちする。　□

② ぼくは六年生です。　□

次の──線の言葉が指し示している部分に、──線を引きましょう。
【1つ7点・21点】

① ぼくには、日本に温泉がたくさんある。その理由は、火山が多いからだ。机の上には、その本が多いからだ。

② 今までに写した野生の動物たちへの写真をながめることがある。その写真には、深いおくにある。

③ 母はマスクをして外出する。今年もスギの花粉が飛ぶ時期になった。この時期になると、母は。

意味を付け加える言葉①

１ 次の〈 〉の説明にあてはまる文をそれぞれ選んで、（ ）に○をつけましょう。

一つ9点【18点】

① 〈年数が思ったより短いという意味の文。〉

　　ア（　　）一年もかかる。

　　イ（　　）一年はかかる。

　　ウ（　　）一年しかからない。

② 〈他のものと合わせて魚を食べる意味の文。〉

　　ア（　　）魚も食べる。

　　イ（　　）魚だけ食べる。

　　ウ（　　）魚しか食べない。

２ 次の文が示す意味の説明としてあてはまるものを、　　から選んで□に記号を書きましょう。

一つ8点【40点】

① 山田さんだけ来る。　□

② 山田さんは来る。　□

③ 山田さんまで来る。　□

④ 山田さんも来る。　□

⑤ 山田さんだけ来ない。　□

> ア　他の人も来るが、山田さんも来る。
>
> イ　他の人は来るが、山田さんは来ない。
>
> ウ　他の人は来ないが、山田さんは来る。
>
> エ　山田さんが来るのだから、他の人はもちろん来るはずだ。
>
> オ　他の人が来るかどうかは別として、山田さんが来る。

次のうち、「三十分休む。」という意味がいちばん近いのはどれ？
① 三十分だけ休む。　② 三十分ぐらい休む。　③ 三十分しか休まない。

答え ▶ 85ページ

---

4 次の文の――線と□□の意味の使い方をしている文を選んで、□に記号を書きましょう。【1つ14点】

① ア 一年生の子どもたちに教えている。
　 イ 母は、今帰ってきたばかりだ。
　 ウ いもうとはまだ小学生だが、大学に強くあこがれている。

② ア 画用紙を十枚くばったばかりに、解けない問題が出た。
　 イ 姉は、いつもむずかしい本ばかり読んでいる。
　 ウ 大風が強まり、雨までも降りだしそうになってきた。

①□　②□

①の「ばかり」は「…だけ」、②の「ばかり」は「…ほど」という意味を表すよ。どちらも「ばかり」だね。

---

3 次の――線の言葉の使い方に注意して、①～④の意味や気持ちをよく表している一つの文を選んで、（　）に○をつけましょう。【1つ28点】

① 勝ったのは弟。
　 ア（　）じゃんけんで、弟が勝つ。
　 イ（　）じゃんけんで、弟に勝つ。

② 食後のデザート
　 ア（　）デザートは、ぜひプリンを食べたい。
　 イ（　）デザートは、ぜひプリンがいい。

③ 日本から他の国へ向かっている。
　 ア（　）午前十一時に日本へ出発した。
　 イ（　）午前十一時に日本を出発した。

④ 北海道へ
　 ア（　）今年はいとこを北海道へ行きたい。
　 イ（　）今年はいとこと北海道へ行きたい。

1 次の説明に合うように、（　）にあてはまる言葉を□から選んで書き入れましょう。

一つ8点【24点】

① あめの数が少ないと感じている。

➡ あめを三つ（　　　　　　　　）もらわなかった。

② 田中さん以外の人は、みんな出席している。

➡ 田中さん（　　　　　　　　）欠席している。

③ 食パン以外にも買ったものがある。

➡ パン屋さんで、食パン（　　　　　　　　）を買った。

など	だけ	しか	さえ

2 ――線の言葉が付け加えている意味を、□から選んで□に記号を書きましょう。

一つ8点【24点】

① 雪まで降りました。　　□

② 頂上まで歩いた。　　□

③ 明日までの宿題だ。　　□

ア 他に加えることを示す。	イ 程度を示す。
ウ 到着点を示す。	エ 期限を示す。

答え ▶ 85ページ

クイズ

次の文のうち、部屋に弟がいるのはどれ？
① 弟は部屋にいない。
② 弟がいるのは部屋にいない。
③ 弟まで部屋にいない。

- ア でも
- イ より
- ウ だけ
- エ ほど

④ 卒業式は、九時から始まる予定です。

③ 姉は、推理小説ばかり読んでいる。

② この問題は、小さな子どもでも解ける。

① 久しぶりに会った友人と、三時間も話していた。

4 次の──線の言葉とほとんど同じ意味の言葉を、□から選んで記号を書きましょう。【一つ7点/28点】

---

3 次の〈 〉の意味を示すように、〔 〕から言葉を選んで（ ）に○をつけましょう。【一つ8点/24点】

〈例〉旅行は、ぜひ温泉に行きたい。

③ 〈家族で旅行に行くなら、温泉に行きたい。〉
家族で旅行に行くなら、温泉
ア（ ）が
イ（ ）で
ウ（ ）は
いい。

② 〈美術の本以外は、本だなにはない。〉
父の本だなには、美術の本
ア（ ）しか
イ（ ）だけ
ウ（ ）それ
ない。

① 〈料理の他にも得意なものがある。〉
姉は、料理
ア（ ）は
イ（ ）も
ウ（ ）が
得意だ。

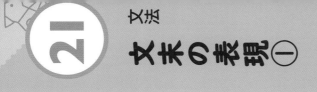
1 次の――線の言い方は、それぞれどんな意味を表していますか。□から選んで□に記号を書きましょう。

1つ8点【24点】

① たくさん重ね着をして、まるで雪だるまの<u>ようだ</u>。 □

② 天気予報だと、午後から雨が降る<u>そうだ</u>。 □

③ この空模様だと、昼過ぎには雨が降り<u>そうだ</u>。 □

> ア 「どうやら～のようだ」という考えを表している。
>
> イ 聞いたことを人に伝えている。
>
> ウ 他の何かにたとえている。

2 次の〈 〉の言い方になるように、□から言葉を選んで（ ）に書き入れましょう。

1つ8点【24点】

① 〈さそう。〉 今年は、みんなでキャンプに行い（ 　　　 ）。

② 〈ていねいに言い切る。〉 これは、私の本（ 　　　 ）。

③ 〈することができる。〉 朝早く起き（ 　　　 ）。

> られる　　ない　　う　　だ　　です　　たい

次のうち、──線の言い方が

① 今なら間にあう。

② 友人に「すいません」と声をかける。

③ お客さまのことを「お客さんは」と表される？

答え▶85ページ

書く力 4 次の文を、──はんだんが表れる言い方に変えて、全文を書き直しましょう。　□□の中の適切な言葉を使って。1つ8点【24点】

● そうじのてつだいに行く。

① かなり確かな見当をつける文。

（　　　　　　　）

② もしかしたらという気持ちを表す文。

（　　　　　　　）

③ しなければならないという気持ちを表す文。

（　　　　　　　）

かもしれない
そうだ
しなければならない

3 次の①～④の言い方の説明に合うものを、□□の中から選んで□に記号を書きましょう。1つ7点【28点】

③ テストがある。

① テストがあるそうだ。

④ テストはあるだろうか。

② テストがあるらしい。

ア	テストがあるという事実を言う言い方。
イ	テストがあるかどうかをおしはかって言う言い方。
ウ	テストがあると人から聞いて言った言い方。
エ	テストがあるかないか疑問に思っている言い方。

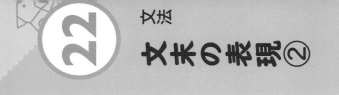

22 文法
文末の表現②

1 次の①～④の文に合う説明を、文末の表現に気をつけて、□から選んで□に記号を書きましょう。 〔一つ9点【36点】〕

① だれもが成功するとは限らない。 □

② この大きな木は、いちょうですか。 □

③ 中村君のお父さんは歯医者だ。 □

④ 暗くならないうちに帰りなさい。 □

> ア 「～～～～だ。」とはっきり言い切っている文。
>
> イ 相手にたずねる文。　　ウ 相手に命令する文。
>
> エ あることがらを打ち消す文。

2 次の（　）に合う言葉を、□から選んで書き入れましょう。 〔一つ8点【32点】〕

① どんなにつらくても、決して泣く（　　　　）。

② 私は一生けん命勉強して、将来は学者になり（　　　　）。

③ 向こうから来るのは、どうやらぼくの兄（　　　　）。

④ 弟は、博物館に入るのは初めての（　　　　）。

> そうだ　　ようだ　　らしい　　まい　　たい

47

次のうち、「は」「が」が「わ」と読むものを読み、

① 私は、この本をたくさん読んだ。
② 弟は、水を飲みに
③ ぼくは、今、遊び

書く力 ④

次の①・②の文を、「お母さん」を主語にして、「なさる」「れる」を使った文に書き直しましょう。【1つ8点】

例　弟が、手を洗う。
→（弟が、お母さんに手を洗わせる。）

① 妹が、花びんの水を取りかえる。
　（お母さんが、　　　　　　　　　　）

② ぼくが、工作の後片付けをする。
　（お母さんが、　　　　　　　　　　）

書く力 ③

「れる」「られる」は、「言われる」のように受け身を表すことがあります。次の①・②の文を、──線の言葉を主語にして、受け身を表す「れる」「られる」を使った文に書き直しましょう。【1つ8点】

例　ねこが、ねずみを追いかける。
→（ねずみが、ねこに追いかけられる。）

① 風が、ぼうしを飛ばした。
　（ぼうしが、　　　　　　　　　　）

② ぼくが、次のランナーにバトンをわたした。
　（次のランナーが、　　　　　　　　　　）

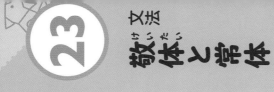

敬体と常体

1 次の文は、敬体と常体のどちらですか。□□□から選んで□に記号を書きましょう。

一つ5点【20点】

① あの建物が県立博物館だ。

② そろそろ出発の時間です。

③ はっきりと自分の考えを言う。

④ 私は、毎朝六時半に起きます。

> ア 敬体…ていねいな言い方。
> イ 常体…ふつうの言い方。

それぞれの文の
文末の表現に
着目しよう。

2 例にならって、次の──線の部分を、敬体は常体に、常体は敬体に書きかえましょう。

一つ7点【28点】

例 ぼくは、六年生だ。 ➡ （六年生です）

① 今日は木曜日です。 ➡ （　　　　　　　）

② 母は、まもなく来る。 ➡ （　　　　　　　）

③ ここから富士山が見えます。 ➡ （　　　　　　　）

④ 今日はどこにも行かない。 ➡ （　　　　　　　）

クイズ

次のうち、「運動」の
② の敬体はどれ？
① 運動しなさい。
③ 運動してください。

4 ＜書く＞ 次の文章を、会話文以外を敬体に統一して〔 〕に文章全体を書きましょう。【20点】

> 私の家の庭には桜の木がある。桜を見ながら、思わず胸がおどった。「これはおいしそうな桜だ。」と、おじいちゃんは言いました。私は、おじいちゃんにいっしょに桜の木を植えたいと父が言いました。

〔　　　　　　　　　　　　　　　　　　　　　〕

3 ＜書く＞ 次の文を、敬体の文は常体の文に、常体の文は敬体の文にして、〔 〕に文全体を書きましょう。【1問8点/32点】

① いっしょに海に行こう。
〔　　　　　　　　　　　　　〕

② 明日は晴れるでしょう。
〔　　　　　　　　　　　　　〕

③ へやには、ぼうしやくつなど木を買っていました。
〔　　　　　　　　　　　　　〕

④ 試合に勝つためには、毎日練習することが大切だ。
〔　　　　　　　　　　　　　〕

①は相手をさそう文だね。文の意味を変えないようにしてね。

読む力 1 次の──線①〜⑤の言葉が付け加えている意味を、□から選んで□に記号を書きましょう。 1つ5点【25点】

　ぼくが住んでいる町では、とても暑い日が一週間くらい続いている。暑さのため、弟は外に出ずに家でゲームばかりしている。昨日は、妹も家の中で遊んでいてうるさかったので、ぼくは静かな図書館まで出かけた。明日こそ少しすずしくなってほしい。

ア　程度を示す。　　　イ　他に加えることを示す。
ウ　限定を示す。　　　エ　到着点を示す。
オ　強調する。

①□　②□　③□　④□　⑤□

2 次の①〜③の意味に合うほうの文に、○をつけましょう。1つ7点【21点】

① そちらに向かうという意味を表す。
　ア（　）兄は、海のはるかおきへ泳いだ。
　イ（　）兄は、海のはるかおきで泳いだ。

② 他のものは買わないという意味を表す。
　ア（　）りんごも買う。
　イ（　）りんごだけ買う。

③ 家族が知らないのだから、他の人はもちろん知らないという意味を表す。
　ア（　）その秘密は家族しか知らない。
　イ（　）その秘密は家族さえ知らない。

5 書く力 次の文を、敬体の文は常体の文に、常体の文は敬体の文に書きかえましょう。 1つ6点【24点】

① 八時に家を出発する。 →（　　　　　　　　　　）

② ぼくの兄は、中学生です。 →（　　　　　　　　　　）

③ 私の気持ちは変わらない。 →（　　　　　　　　　　）

④ Aチームが勝つでしょう。 →（　　　　　　　　　　）

---

4 次の文が〈　〉の気持ちや判断を表すように、（　）にあてはまる言葉を　から選んで書き入れましょう。 1つ6点【12点】

| だ | そうだ | だろう | だった | にちがいない | かもしれない |

① 先生はとてもお元気（　　　　　）。
〈聞いたことを人に伝える。〉

② 小鳥さんが学級委員に選ばれ（　　　　　）。
〈確かな見当をつける。〉

---

3 次の文の（　）に合う言葉を、　から選んで書き入れましょう。 1つ6点【18点】

| させる | ようだ | らしい | そうだ |

① 先生が、全員にクラスの目標を考え（　　　　　）。

② どうやら明日はいい天気に（　　　　　）。

③ あの雲は、まるで大きな象の（　　　　　）。

漢字の形と音・意味①

1 ――線と同じ音の漢字を□に、その読み方を（　）に書きましょう。

一つ3点【27点】

① 精力的に働く。

- ⑦ 快□の空を見上げる。
- ⑦ □潔な衣服に着がえる。

読み方（　　　　）

② 方針を説明する。

- ⑦ □課後に集合する。
- ⑦ 寺院を□問する。

（　　　　）

③ 反則をおかす。

- ⑦ 身長を□定する。
- ⑦ 物事を□面から考える。

（　　　　）

2 □の漢字に共通する音を（　）に書きましょう。

一つ7点【28点】

① 験　検　険　　　　（　　　　）

② 軽　径　経　　　　（　　　　）

③ 昭　招　照　　　　（　　　　）

④ 交　効　校　　　　（　　　　）

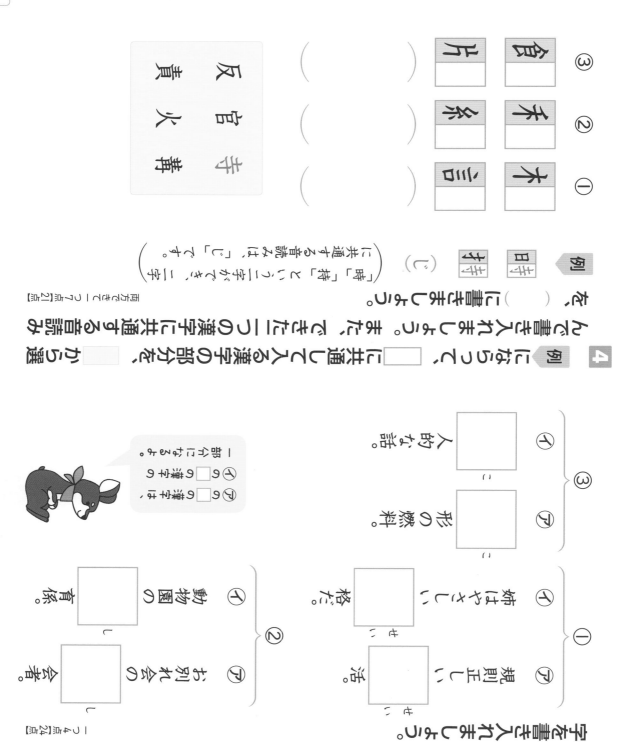

次の──線のうち、漢字で書くと「後」になるのはどれ？
① ふくざつな問題。
② 算数のふくしゅう。
③ ふくしゅうの人形。

答え ○ 86ページ

---

④ 例にならって、□に共通して入る漢字の部分を、□から選んで（ ）に書きましょう。また、□に共通して入る漢字に共通する音読みを（ ）に書きましょう。

【両方できて一つ7点・12点】

例
日＋寺
持

（じ）

（「時」と「持」に共通する音読みは、「じ」です。）

①
木＋口川　　②木＋糸　　③食＋片

（ ）　　（ ）　　（ ）

官　寺
貴　火
反　事

---

③ 次の⑦と④の□には、同じ音の漢字が入ります。それぞれに合う漢字を書きましょう。

【一つ4点・24点】

① 姉はやさしい
⑦ 規則正しい〔せい〕
④ 〔せい〕活

格だ。

② 動物園の
④ 〔　〕育係。
⑦ お別れ会の〔　〕会者。

③ 〔　〕人的な話。
⑦ 〔　〕形の燃料。

⑦の漢字は、
④の漢字の
一部分になるよ。

54

漢字の形と音・意味②

1 次の――線の読みがなを書きましょう。□には――線の漢字に共通する部分を、○にはその部分が表す意味を　から選んで記号を書きましょう。

一つ3点【30点】

① 金や銀、銅などの鉱物しげん。

② 評論家の講演を聞きに行く。

③ 貿易会社を始めるための資金を集める。

〈共通する部分〉□ ・〈意味〉○

ア 言葉　イ 食物　ウ お金や宝　エ 金属

2 〔　〕の中で、意味を表す部分（部首）が他の漢字とちがうものを一字選んで、その漢字を○で囲みましょう。

一つ6点【18点】

① 〔 序　店　厚　庫　府 〕

② 〔 行　往　衛　術　街 〕

③ 〔 服　肥　腸　脈 〕

③は、体の部分や様子に関係ある漢字と、そうでない漢字があるよ。

答え ▶ 86ページ

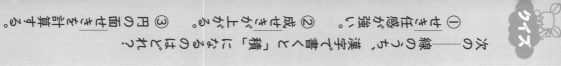

クイズ

4 「　」や ■■■ の部分（部首）と、その意味を──線でつなぎましょう。【1つ4点/16点】

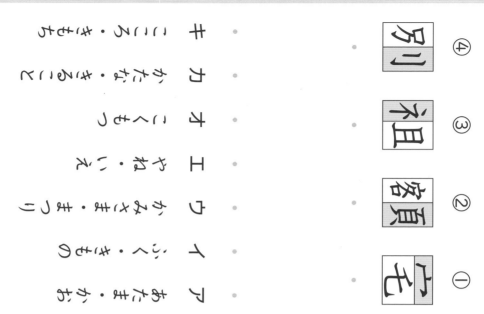

④ 別　③ 祖　② 客頁　① 毛

・　・　・　・

キ ちから・ちからづよい
カ かたな・きる
オ しめす・かみ
エ かね・こ
ウ かみ・あたり
イ き・へび・もの
ア あたま・おお

次の──線のうち、
① せきにん感が強い。
② せいせきが上がる。
③ 円の面せきを計算する。
の漢字で書くと「積」になるのはどれ？

---

3 例 部分（部首）になっている次の漢字を、分けてみましょう。また、⑦音を表す部分と①意味を表す部分を、⑦は音を表すと①の表す意味を表すか、記号を書きましょう。【1つ5点/30点】

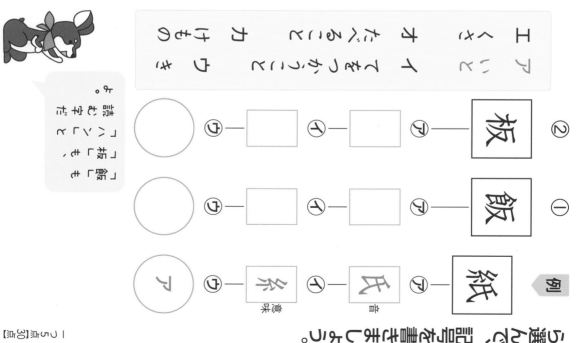

例
紙 ⑦― 氏(音) ―① 糸(意味) ―⑦ (ア)

① 飯 ⑦―□―①―□―⑦ (○)

② 板 ⑦―□―①―□―⑦ (○)

エ へい
ア くさ
イ てつ
オ たべもの
カ き
ウ めし
いた
のき

「板」も「飯」も、「ハン」と読む字だよ。

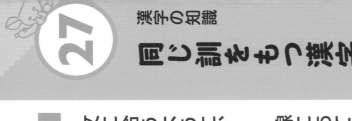

27 同じ訓をもつ漢字

1 文に合うように、――線にあてはまる漢字を、□から選んで（　）に書きましょう。

1つ6点【18点】

① 市役所に__つと__める。　（　　　）

② 成功するように__つと__める。　（　　　）

③ 委員長を__つと__める。　（　　　）

努	勤	務

同じ訓読みだけど、それぞれちがう漢字を使うんだ。

2 ――線の漢字と同じ訓をもつ漢字を、□に書きましょう。1つ6点【18点】

① ┌ お墓に花を供（そな）える。
　└ テストに□える。

② ┌ 夜が明ける。
　└ 席を□ける。

③ ┌ 百円玉に十円玉が交じる。
　└ 青い絵の具に黄色の絵の具が□じる。

③は、まじって区別ができるものには「交じる」を、区別できなくなるものには□の字を使うよ。

答え ▶ 86ページ

次のうち、「収める」の使い方が正しいものはどれですか？
① 学問を収める。
② 勝利を収める。
③ 国を収める。

---

5 次の——線の言葉は、漢字の使い方がまちがっています。正しく書き直しましょう。　【一つ10点/20点】

① 父の転勤のため、東京から九州へ一家で写る。（　　　　）

② となり町に住むため、ひっこすことになった姿を表す。（　　　　）

---

4 次の□の言葉は、二通りの読み方があります。□の言葉のうち、——線の読み方がちがう文を一つえらんで、（　）に○で囲みましょう。　読みがな　【一つ8点/32点】

① 体重が　経る・減る　（　　　　）る。

② 難しい問題を　解く・説く　（　　　　）く。

③ つきを　絶つ・建つ　（　　　　）つ。

④ 布が　敗れる・破れる　（　　　　）れる。

---

3 ——線の言葉が □ の言葉と同じ意味で使われている文を一つ選んで、（　）に○をつけましょう。　【一つ6点/12点】

① 採る
ア（　）たなの上の本をとる。
イ（　）野原でこん虫をとる。
ウ（　）畑の雑草をとる。

② 効く
ア（　）友達のさそいをきく。
イ（　）交番で道をきく。
ウ（　）頭痛によくきく薬。

「効果」があるという意味だね。

58

複数の訓をもつ漢字

1 複数の訓をもつ漢字について、使い方に注意しながら、──線の読み方をひらがなで（　）に書きましょう。

一つ5点【60点】

① ア お供えの花を買う。（　　　）
　 イ 旅行のお供をする。（　　　）

② ア 次の駅で降りる。（　　　）
　 イ 急に雨が降りだす。（　　　）

③ ア 来年の予算を増やす。（　　　）
　 イ 湖の水かさが増す。（　　　）

④ ア ゆっくりと目を覚ます。（　　　）
　 イ 言葉の意味を覚える。（　　　）

⑤ ア 飲み物を冷やす。（　　　）
　 イ 水は、まだ冷たい。（　　　）

⑥ ア 草花を育てる。（　　　）
　 イ 友情を育む。（　　　）

次の――線のうち、他の二つとちがう読みがなのはどれ？
①空耳　②空回り　③空元気

3 次の――線の言葉を、複数の訓をもつ漢字を使って、（　）に書きましょう。　1つ5点【20点】 漢字と送り

①
ア　最後まで、あきらめずに試合をした。（　）
イ　にがい味の野菜を食べる。（　）

②
ア　かれは、しあわせな人生を送った。（　）
イ　にわに、チューリップがさいた。（　）

2 次の――線の読み方をする、複数の訓をもつ漢字を□に書きましょう。　1つ5点【20点】

①
・父の予想は、思いがけず当たっていた。
・思いにふける。

②
・ここをまっすぐ行くと、□の交番がある。
・まっすぐ行くと、□のもとに出る。

③
・この地方のおもな産業を調べる。
・なかなかおとしものが見つからない。

④
・友人にたいして、そんけいの思いをいだく。
・ひらがなで、世の中のことを思いやる。

送りがなにも注意しよう。

29 複数の意味をもつ漢字

1 次の──線の漢字は、それぞれどの意味で使われていますか。□から選んで□に記号を書きましょう。

1つ4点【60点】

① 単
(1) 単位 □　(2) 単一 □　(3) 簡単(かんたん) □

ア ひとつ。　イ ひとまとまり。　ウ こみいっていない。

② 過
(1) 過失 □　(2) 過度 □　(3) 通過 □

ア 通りすぎる。　イ 程度をこす。　ウ あやまち。

③ 演
(1) 演習 □　(2) 演説 □　(3) 演技 □

ア 話をする。　イ 実際に行う。　ウ 練習する。

④ 密
(1) 密林(みつりん) □　(2) 秘密(ひみつ) □　(3) 親密(しんみつ) □

ア すきまがない。　イ したしい。　ウ ひそか。

⑤ 解
(1) 解放 □　(2) 分解 □　(3) 理解 □

ア ばらばらにする。　イ わかる。　ウ しばられていたものを、ほどく。

②「過」の(2)は「過度の運動は体によくない。」
⑤「解」の(1)は「人質を解放する。」のように使う。

クイズ

「現」という
① 現代
② 現像
③ 現在
現代という「今」という現在という意味で使っているのはどれ？

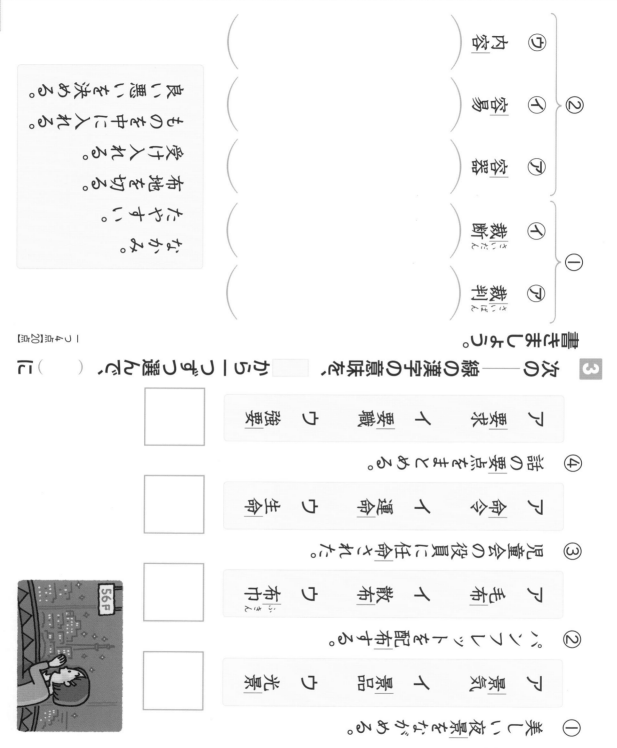

3 次の——線の漢字の意味を、□から一つずつ選んで書きましょう。【1つ4点/20点】

① ㋐ 裁判（　　）　㋑ 裁断（　　）

② ㋐ 容器（　　）　㋑ 容易（　　）　㋒ 内容（　　）

□
良いものを受け入れる。
悪いものを決める。
たがいに決める。
布地を切る。
布地を入れる。
なかみを中に入れる。

2 次の——線の漢字と同じ意味で使われている漢字を、選んで□に記号を書きましょう。【1つ5点/20点】

① 美しい夜景をながめる。
　ア 景気　イ 景品　ウ 光景　□

② パンフレットを配布する。
　ア 毛布　イ 散布　ウ 布巾　□

③ 児童会の役員に任命された。
　ア 命令　イ 運命　ウ 生命　□

④ 話の要点をまとめる。
　ア 要求　イ 要職　ウ 概要　□

名前

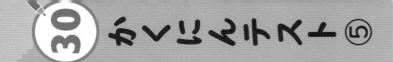

時間 15分
目標
月　日　得点

1 次の——線の漢字が正しいものには○を、まちがっているものには、正しい漢字を（　）に書きましょう。

一つ5点【30点】

ぼくの祖父は、地域の大だこ保存会の会長を①努めている。保存会の会員が②納めた会費の管理や、大だこあげ祭りに③供えて、大だこ作りにいそがしい日々を送っている。
　大だこあげ祭りは二日間行われ、④始めの日に大だこの紙が⑤敗れると、その部分を⑥直さなくてはいけないので、大変そうだ。

①（　　　　）　②（　　　　）　③（　　　　）

④（　　　　）　⑤（　　　　）　⑥（　　　　）

2 例にならって、　　や　　に共通する部分を　　から選んで、□に書きましょう。また、できた二つの漢字に共通する音読みを、（　）に書きましょう。

両方できて一つ5点【20点】

例▶ ｜シ｜　争　青　（せい）

「清」「静」という二字が、漢字に共通する音読みは「せい」です。

① 飠　艹　□　（　　　　）

② 攵　王　□　（　　　　）

③ 飠　言　□　（　　　　）

④ 木　門　□　（　　　　）

青　古
各　官
周　正
求　広
王
司

63

5 次の──線の漢字と同じ意味で使われている漢字を、ア〜エから一つ選んで、（ ）に○をつけましょう。 【1問12点】

① 密集
ア 親密（しんみつ）（ 　）
イ 秘密（ひみつ）（ 　）
ウ 密告（みっこく）（ 　）
エ 密林（みつりん）（ 　）

② 針箱
ア 方針（ほうしん）（ 　）
イ 針葉樹（しんようじゅ）（ 　）
ウ 秒針（びょうしん）（ 　）
エ 針仕事（はりしごと）（ 　）

4 次の──線の読み方をする、複数の訓をもつ漢字を□に書きましょう。 【1問18点】

① ・女優の名前をおぼえる。
　 ・目のさめるような美しい歌声だ。 □

② ・へやにくすりを飲む。
　 ・最後までおしても、飲んでおさまらない。 □

③ ・大ぶりの電車をおりた。
　 ・急にだいぶの雨がふってきた。 □

3 次の──線の□に共通して入る、漢字の部分を表す漢字をア〜カから選んで、（ ）に書きます。また、その部分が表している意味を表す漢字をア〜カから選んで、（ ）に書きなさい。 【1問5点 両方できて1問20点】

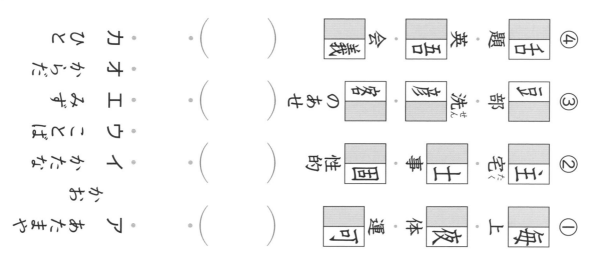

① 伸上　・　体役運　・　可
② 圧宅を　・　士役事　・　性的
③ 足部　・　洗事　・　役のあせ
④ 土題美　・　英五会　・　会我

（ 　）　・　（ 　）　・　（ 　）　・　（ 　）

ア　イ　ウ　エ　オ　カ
あたや　かおすはな　ひからすほな　ひとだ　みこたた　かとだ

31 熟語の成り立ち①

1 次の①・②にあてはまる熟語を、□から選んで□に記号を書きましょう。

1つ3点【18点】

① 意味が対になる漢字を組み合わせた二字熟語

□ ・ □ ・ □

② 意味が似ている漢字を組み合わせた二字熟語

□ ・ □ ・ □

| ア 収納(しゅうのう) | イ 車庫(しゃこ) | ウ 売買(ばいばい) | エ 尊敬(そんけい) |
| オ 高低(こうてい) | カ 縦横(じゅうおう) | キ 読書(どくしょ) | ク 樹木(じゅもく) |

2 次の漢字と意味が対になる漢字を□に書き入れて、熟語を作りましょう。（　）には、できた熟語の読み方を書きましょう。 1つ4点【32点】

① 手加減なしで 勝□ した。 （読み方　　）

② 家から学校まで □復 する。 （　　）

③ 新□ のメンバーが顔をそろえる。 （　　）

④ 公□ の区別をはっきりつける。 （　　）

次のうち、
①失「損・得」②書③待
の□に共通してあてはまる漢字はどれ？

答え ▶ 87ページ

少 大 暑 減 悪 冷 加 良 熱

① 寒　⑦　⑦

② 善　⑦　⑦

③ 増　⑦　⑦

例
多　⑦ 大　⑦ 少
（右側には「多大」、左側には「多少」という熟語ができます。）

5 似た意味になるように、□の漢字を □ からえらんで、⑦○の上には下の字と対になる漢字、⑦○の□にはまる漢字を入れて、熟語を作りましょう。【1つ3点】

苦 止 天
返
地 近 大 楽

4 □から反対の意味になる漢字を一つずつえらび、□と□で意味が対になる熟語を作りましょう。
の□の漢字を上にして似たなる漢字を一つずつえらび、□と□で □ の漢字を上にして熟語を作りましょう。【1つ4点】

永 未 温 豊
現 暖 久 富

3 □から似た意味の漢字を一つずつえらび、□と□で の漢字を上にして似た意味の熟語を作りましょう。【1つ4点】

熟語の成り立ち②

1 例にならって、①〜③の熟語を訓読みにして言いかえた文を、（　）に書きましょう。

1つ4点【12点】

例　強風　➡　（強い風。）

① 高山　➡　（　　　　　　　　　　　）

② 乗車　➡　（　　　　　　　　　　　）

③ 加熱　➡　（　　　　　　　　　　　）

2 例にならって、①・②の文を一字熟語にして□に書きましょう。

1つ5点【10点】

例　強い風。　➡　強風

① 急ぎの用。　➡　□□

② 山の頂。　➡　□□

3 熟語の組み立てが①・②の説明に合うものを、□からあとに一つずつ選んで、□に記号を書きましょう。

1つ5点【20点】

① 上の漢字が下の漢字を修飾するもの。…近海・□・□

② 上の漢字が動作、下の漢字が「——を」「——に」にあたるもの。…消火・□・□

ア　入会　イ　悲劇　ウ　温泉　エ　洗顔

67

クイズ

次のうち、「切断」の「断」と同じ組み立ての熟語はどれ？
① 入場 ② 競争 ③ 低音

6 意味を打ち消す漢字「不・無・未・非」のうち、合うものを□に書き入れて熟語を作りましょう。 一つ6点【18点】

① □ 限

② □ 完

③ □ 便

5 意味を表す熟語になるように、次の___線に使われている漢字を使って、□に書き入れましょう。 一つ8点【16点】

例 アメリカの大統領が日本に来る。 → [来日] する。

① 校内の行事のため、授業の時間を短く縮める。 → [　　] する。

② 夏季オリンピックが幕を閉じた。 → [　　] した。

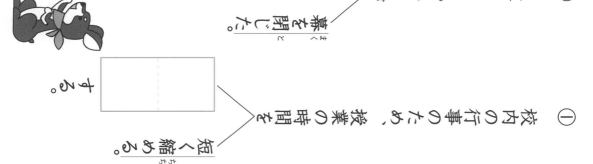

②「幕を閉じる」は、「終わりになる」という意味だよ。

4 次の①・②の熟語と同じ組み立ての熟語を〔 〕から一つずつ選んで、〇で囲みましょう。 一つ6点【24点】

② 美声
〔 満足　強敵（きょうてき）　登山（とざん）　父母　大国 〕

① 集金
〔 急増　禁止　養蚕（ようさん）　道路　着陸 〕

熟語の成り立ち③

1 次の熟語は意味のうえで二つに分けられます。どこで区切るとよいですか。例にならって、□に記号を書きましょう。 [一つ4点【16点】

例▶ 水ア道イ管 [イ]

① 県ア大イ会 [　]

② 銀ア河イ系 [　]

③ 高ア性イ能 [　]

④ 救ア急イ車 [　]

2 次の□に合う漢字を□□□から選んで書き入れて、三字熟語を作りましょう。 [一つ4点【16点】

① [　]決勝

② [　]利用

③ [　]景気

④ [　]風雨

好　悪
再　副
準　暴

3 次の熟語の組み立てに合うものを、□□□から選んで□に記号を書きましょう。 [一つ5点【30点】

① 衣食住 [　]

② 消費者 [　]

③ 新記録 [　]

④ 小学校 [　]

⑤ 市町村 [　]

⑥ 加盟国 [　]

ア　上が二字、下が一字の言葉の組み合わせ。

イ　上が一字、下が二字の言葉の組み合わせ。

ウ　一字の言葉が三つ並んでできたもの。

クイズ

次のうち、「総復習」と同じ組み立ての熟語はどれ？
① 地球人 ② 雪月花 ③ 低学年

---

⑥ 「非」などのように、次の熟語の上に（ ）に意味を打ち消す漢字を書きましょう。　1つ4点【16点】

例　非・未・無・不

例　平等 → （不）平等

① 表情 → （　）　常識
③ 安定 → （　）　④ 解決 → （　）

---

⑤ 次の──線の部分が〈 〉の意味になるように、□に「化・的・性」のどれかを書き入れましょう。　1つ4点【12点】

① 都会 □ なふんいきの店。〈都会らしい。〉

② 電車のダイヤの乱れが正常 □ する。〈正常になる。〉
※ダイヤ…列車の運行を表。

③ 勤勉さは日本人の国民 □ だ。〈国民全体に共通する〉

---

④ 次の □ に共通して入る、下の言葉の意味を打ち消す漢字を □ の中から選んで書きましょう。　1つ5点【10点】

① 意識　—　防備　—　制限

② 自然　—　可能　—　景気

未　非
不　無

34 熟語の成り立ち④

1 次の①〜③が四字熟語になるように、▢▢にあてはまる一字熟語を、▢▢から選んで□に書きましょう。

1つ3点【9点】

① 半信▢▢　　② 横断▢▢　　③ 天気▢▢

① □□　　② □□　　③ □□

> 歩道　満足　半疑　予報

2 次の①〜③が四字熟語になるように、▢▢にあてはまる漢字を、▢▢から選んで□に書きましょう。

1つ3点【9点】

① 未成年▢　　② ▢運動会　　③ 自家用▢

① □　　② □　　③ □

> 車　中　大　者　子

3 次の①・②が「春夏秋冬」と同じ組み立ての四字熟語になるように、▢▢から漢字を選んで□に書き入れましょう。

1つ7点【14点】

① | 東 | | |

② | | | 府 |

> 大　南　中　西　道　都　央　北　県

71

クイズ

① 臨機応変
② 輪
③ 林

「①臨機応変」の「リン」は、次のうちどれ？

漢字には、同じ読み方で意味のちがう漢字があるよ。

---

6 □から漢字を選んで組み合わせ、〈　〉の意味に合う四字熟語を作りましょう。【1つ20点】

異　実　句　無　質　口

① 有名 〈名前はわかっていて、中身がないこと。〉

② 同音 〈多くの人が、口をそろえて同じことを言うこと。〉

---

5 三の□に共通する漢字を□から選んで書きましょう。【1つ8点】【24点】

絶　多
応　運
自　変

① 地球上には、□種□様な生物がいる。

② 体の□命□命なスイッチを切りぬける。

③ このままでは□問□答する。

石　鳥

発　中

---

4 次の□に合う漢数字を書き入れ、四字熟語を作りましょう。【1つ8点】【24点】

例）四捨五入

① 兄は、いつもいばっているので…
□苦□苦

② ぼくの予想は、いつもよくあたって…
□発□中

③ この本は、読んで予想して知識が身につくので…
□石□鳥

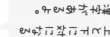

テスト 40点　全問予想どおり

1 次の文章中の──線の部分が「意味が対になる漢字を組み合わせた熟語」になるように、□①〜④にあてはまる漢字を書きましょう。 〔1つ3点【12点】

> 昨日、ぼくは父と野球の試合を見に行った。新①のスター選手の勝②が見られるので、観客席はいっぱいだった。場内放送も強③をつけて、観客を盛り上げていた。試合中、飲み物を売る人がいそがしそうに、ぼくたちの前を何度も④復していた。

① 新 □　　② 勝 □　　③ 強 □　　④ □ 復

2 次の①〜④の熟語と、熟語の組み立てが同じものを□から一つずつ選んで、□に記号を書きましょう。 〔1つ3点【24点】

① 絵画　□ ・ □　　② 公私　□ ・ □

③ 乗車　□ ・ □　　④ 和服　□ ・ □

ア 白衣	イ 問答	ウ 尊敬	エ 未定	オ 衣服
カ 損得	キ 美化	ク 出題	ケ 新人	コ 着席

3 例にならって、二字熟語を訓読みにして、文の形で書きましょう。〔1つ3点【12点】

例　新年 ➡（新しい年。）　　投球 ➡（球を投げる。）

① 温水 ➡（　　　　　　）　　② 消火 ➡（　　　　　　）

③ 再会 ➡（　　　　　　）　　④ 帰国 ➡（　　　　　　）

6 例にならって、熟語の切れ目に―を入れて書きましょう。【1つ4点/6点】

例 読書感想文 → (読書―感想―文)

① 創立記念日 → (　　　　　)

② 入学試験会場 → (　　　　　)

③ 宇宙飛行士 → (　　　　　)

④ 校内学習発表会 → (　　　　　)

5 次の熟語について、意味のうえでどのように区切るとよいか、―で分けましょう。また、一字の言葉が対等に並んでいる熟語には□に○を、そうでない熟語には□に×をつけましょう。【1つ4点/20点】

ア　イ　ウ
① 修学旅行
ア　イ
② 博物館
ア　イ
③ 全世界
ア　イ　ウ　エ
④ 金銀銅
ア　イ　ウ　エ
⑤ 春夏秋冬

これらは集めたものが博物館で展示されている。

① □　② □　③ □　④ □　⑤ □

4 意味を打ち消す漢字「不・無・未・非」のうち、合うものを□に書き入れましょう。【1つ2点/16点】

① □常識　⑤ □完成
② □解決　⑥ □
③ □　　⑦ □制限
④ □特定　⑧ □公式
　□関心　□規則

読む力 1 次の文章を読んで、後の問いに答えましょう。

一つ8点【32点】

　春休みの日曜日に、親せきの人たちと遊園地に行くことになり、私が当日の(1)プランを考えることになった。「小さい子どももいるので、身長　⑦　がある乗り物についても調べておいてね。」と母から(2)アドバイスを受けた。

　春休み　①　で行われているパレードもあるようなので、今から楽しみだ。

① ——線(1)・(2)の外来語の意味を、◯◯から選んで◯に記号を書きましょう。

　　ア　体験　　イ　助言　　ウ　行動
　　エ　計画　　オ　約束

(1) ◯　　(2) ◯

② 　⑦　・　①　にあてはまる熟語を、◯◯から選んで◯に記号を書きましょう。

　　ア　限定　　イ　制限
　　ウ　「限定」「制限」の両方

⑦ ◯　　① ◯

2 次のひらがなやかたかなと、元になった漢字とで、合うものを——線でつなぎましょう。

一つ6点【24点】

① はひふくほ　・　・ア　良　利　留　礼　呂
② らりるれろ　・　・イ　多　千　川　天　止
③ カキクケコ　・　・ウ　波　比　不　部　己
④ タチツテト　・　・エ　加　幾　久　介　保

75

② 〈星が光る様子を、比喩（　　）を用いて表現する。〉

星が光っている。

（　　　　　　　　　　　　　　　）

① 〈言葉の順番を入れかえて、印象を強める。〉

けむりをはきながら、蒸気機関車が走る。

（　　　　　　　　　　　　　　　）

4 くわしく

次の文を、〈　〉の指示にしたがって書きかえましょう。
【一つ10点　20点】

---

③ 3の俳句の季語を（　）に書きましょう。
その季語が表す季節を漢字一字で□に書きましょう。
【両方できて10点】

季語（　　　　　）　季節□

② ──線「横たふ」とはどんな意味ですか。次から選んで□に記号を書きましょう。（7点）

ア 横を向く
イ 横に立つ
ウ 横たわる

□

① 1の短歌の──線「見ん」「見ん」の意味を、次から選んで□に記号を書きましょう。（7点）

ア 見ない
イ 見よう
ウ 見るだろう

□

3 次の短歌と俳句を読んで、後の問いに答えましょう。
【24点】

3　名月や池をめぐりて夜もすがら　松尾芭蕉

2　荒海や佐渡に横たふ天の河　松尾芭蕉
＊天の河……天の川
＊夜もすがら……一晩中

1　みちのくの母のいのちを一目見ん一目みんとぞただにいそげる　斎藤茂吉
＊みちのく……今の東北地方

37 まとめテスト②

読む力

1 次の文章を読んで、後の問いに答えましょう。

1つ7点【28点】

> クジラや人は、ほ乳類とよばれる動物で、母親は子に乳をあたえて育てる。　ア　、肺で呼吸をする点も、クジラと人は共通している。　イ　、人とちがって、クジラは海中で生活をしている。　ウ　、ときどき海面で呼吸をする必要がある。その ときに見られるのが、クジラの潮ふきである。

○ 　　ア〜ウにあてはまる接続語を、　　から選んで　　に記号を書きましょう。（同じ接続語を二度使わないこと。）

> ア けれども　　イ なぜなら　　ウ したがって
> エ あるいは　　オ また

ア ☐　　イ ☐　　ウ ☐

② ——線「その」が指し示している部分を、五字以上、十字以内で書き出しましょう。

☐☐☐☐☐☐☐☐☐☐

2 次の——線の言葉がくわしくしている言葉を、☐で囲みましょう。

1つ5点【20点】

① 黄色い 花が 野原に たくさん さいている。

② 子どもたちが 楽しそうに 広場で 遊ぶ。

③ 兄が 書いた 作文が、コンクールで 入賞した。

④ 妹は、母が 編んだ セーターを 着ている。

5 書く力

次の——線の部分を「先生」に変え、~~~線の部分を適切な敬語を使った言い方に変えて、文を書き直しましょう。 1つ8点【16点】

① 商店街で、クラスの友人に会った。

（　　　　　　　　　　　　　）

② 電話で、弟の予定を聞く。

（　　　　　　　　　　　　　）

4

次の——線の敬語を、ア「尊敬語」、イ「謙譲語」、ウ「ていねい語」に分け、□に記号を書きましょう。 1つ6点【18点】

① 市長をおむかえして式典が開かれる。 □

② この道をまっすぐ行くと、大通りに出られます。 □

③ 音楽の時間に、先生がピアノで美しい曲をひかれた。 □

3

次の説明にあてはまる言葉を □ から選んで、（　）にあてはまる言葉を書き入れましょう。 1つ6点【18点】

① 森田さんが行くから、他の人は当然行くと理解される。

森田さん（　　　　）行く。

② 森田さんの他にも行く人がいる。

森田さん（　　　　）行く。

③ 森田さん以外の人は行かない。

森田さん（　　　　）行く。

さえ　だけ　も

38 まとめテスト③

読む力 1 同じ音の漢字に注意して、――線①〜⑤のひらがなの部分を漢字に直して□に書きましょう。

一つ4点【20点】

今日の放課後、理科係のぼくと勇太君は、先生の手伝いで、①<u>じっけん</u>で使う器具の②<u>点けん</u>をした。先生は「③<u>危けん</u>防止のためにも、大切な作業なんだよ。」とおっしゃった。

器具を④<u>規</u>そく正しく並べながら、勇太君が「今夜は月食ですね。⑤<u>観</u>そくするのには、絶好のお天気ですね。」と言った。

① 実 □　　② 点 □　　③ 危 □

④ 規 □　　⑤ 観 □

2 次の――線の漢字は、それぞれどの意味で使われていますか。□□□から選んで□に記号を書きましょう。

一つ3点【27点】

① 現
(1) 現在 □　(2) 出現 □　(3) 再現 □

ア 今。　イ あらわす。あらわれる。

② 布
(1) 散布 □　(2) 毛布 □　(3) 分布 □

ア ぬの。　イ 広く行きわたらせる。

③ 省
(1) 省略 □　(2) 反省 □　(3) 外務省 □

ア ふり返って考える。　イ はぶく。　ウ 役所。

書く力 5

例にならって、〈 〉の言葉を使って、短文を書きましょう。

【1つ5点・20点】

例 〈なおす〉直す・治す
直す（時計を直す。）
治す（病気を治す。）

① そなえる〈備える・供える〉

備える（ 　　　　 ）

供える（ 　　　　 ）

② やぶれる〈破れる・敗れる〉

破れる（ 　　　　 ）

敗れる（ 　　　　 ）

4

一字めと二字めの漢字が対等に並んでいる熟語を、□から三つ選んで□に記号を書きましょう。

【1つ3点・9点】

ア 天文学	イ 市町村
ウ 松竹梅	エ 東西南北
オ 校内放送	カ 一方通行

□・□・□

3

次の熟語の組み立てについての説明を、□から選んで□に記号を書きましょう。

【1つ4点・24点】

ア 意味が似た漢字の組み合わせ。

イ 意味が対になる漢字の組み合わせ。

ウ 上の漢字が下の漢字を修飾する関係にある組み合わせ。

エ 下の漢字が上の漢字の「に——」「を——」にあたる組み合わせ。

① 挙手 □　　② 進行 □　　③ 大河 □

④ 損得 □　　⑤ 豊富 □　　⑥ 入港 □

① 複合語 5〜6ページ

1 冬休み・ジャンパン・高速道路・紙コップ〈順不同〉

2 ①書きなぐる ②見届ける ③軽石 ④心細い ⑤負けくらべ

3 ①イ・しおからい ②ウ・あまがさ ③ア・しもばしら ④エ・はねぐみ

4 ①イ ②ア ③エ

5 ペンコン

ミス ②（①は「ねばり強い」、③は「うす暗い」という複合語になる。）

アドバイス

3 すべて組み合わせることで、元の言葉の読み方が少し変わるものです。

4 イ「そこなう」は、いろいろな動作を表す言葉に付いて、「〜する機会をのがす」や「〜することに失敗する」という意味を表す言葉です。

② 類義語 7〜8ページ

1 ①オ ②イ ③ウ ④ア ⑤エ

2 ①自 ②予 ③命 ④活 ⑤要 ⑥身

3 ①(1)ア (2)ウ ②(1)ア (2)イ ③(1)ア (2)ウ

4 ①例 けがの応急処置をしてもらった。
②例 古新聞をひもでしばって処分した。

ミス ②（②の「原因・結果」は対義語〈反対の意味の熟語〉の組み合わせ。）

アドバイス

1 ②「賛成」の類義語は、「同意」の他に「賛同」や「合意」などがあります。このように類義語は二つ以上あるものもあります。

4 ①は「けがの処置をした（してもらった）」、②は「古新聞を処分した」という内容が書けていれば正解です。

③ 外来語 9〜10ページ

1 ラジオ・パーティー・ガス・レンズ〈順不同〉

2 ①サンプル ②スピード ③プラン ④アドバイス ⑤サイン ⑥ルール

3 ①オ ②ア ③カ ④イ ⑤エ ⑥ウ

4 ①ウ ②イ ③ア

ミス ①（「てんぷら」は、ポルトガル語を元にした外来語。）

アドバイス

1 ふつう、外来語はかたかなで書きます。ただし、「かるた・たばこ」のように、古い時代に伝わって日本語になり切っている外来語は、ひらがなで書くこともあります。

3 ④フランスからは芸術や料理、⑤ドイツからは医学や登山、⑥イタリアからは音楽や料理に関する言葉が多く入ってきました。

④ 表現のくふう 11〜12ページ

1 ①きらきら ②くねくね ③ビュービュー

2 ①イ ②ウ ③イ ④ア

3 ①当たった宝くじが。
②見てもらいなさい、パンダを。
③話しなさい、正直に。

4 ①がんばって ②その日は晴 ③ぼくは、き

ミス ②

アドバイス

2 ①麦の穂が風になびく様子を波にたとえています。②「昨年度の優勝校に」を文末にすることで、印象を強めています。③「話しかけて」という、人の動作を表す言葉を使って、ひまわりが太陽に向かってさく様子を表しています。このように、人でないものを人に見立てて表現する技法を擬人法といいます。④「にじだ」をくり返して、感動を表しています。

5 かなづかい① 13〜14ページ

1 ①カ ②エ ③イ ④ア
2 ①関心・興味 ②役目・任務 ③簡単・容易
3 ①ノート・ハンガー・メール・ボール 〈順不同〉
4 ①簡単 ②任務 ③役目 ④興味
5 ①関心 ②空間 ③複写 ④競技会 ⑤苦情 ⑥速度 ⑦主題 〈順不同〉

②
クイズ
例 君のかいた絵はじょうずだ。
①すばらしい ②ちかごろ見える景色は

6 古語と現代語① 15〜16ページ

1 ①ウ ②ア ③イ ④ウ ⑤エ
2 ①カ ②ア ③オ ④ウ ⑤イ ⑥キ ⑦エ 〈順不同〉

クイズ
①（あおば）緑色だった ②青色の

7 古語と現代語② 17〜18ページ

1 ①夜明けのころ ②山に近い辺り（山ぎわ） ③空のころ ④寒かった
2 ①ウ ②イ ③エ ④ア

クイズ
③（みな）空しく、「さ」「も」、細かい水の

②アドバイス
「へ」は、「へ」「い」「え」のような音で「え」と発音する。

8 季節や時を表す言葉 19〜20ページ

1 ①あけぼの ②正午 ③たそがれ ④夜ぶけ
2 ①十一月 ②五月 ③三月 ④六月
3 ①節分 ②ひな祭り ③七月 ④月見
4 ①ウ ②エ ③ア ④イ
5 ①梅 ②花見・解け・おせち・おけ ③みそ ④白鳥・まめ・かり・おぞうに・水浴 ⑤十五夜・銀世界・除夜 〈順不同〉

②アドバイス
「旦」は「あさ」の別の呼び名。「神無月」は十月、「霜月」は十一月、「師走」は十二月と覚えましょう。

9 漢字と仮名 21〜22ページ

1 中国・音・意味・万葉名・平仮名・片仮名
2 ①睦月 ②如月 ③弥生 ④卯月 ⑤皐月 ⑥水無月 ⑦文月 ⑧葉月 ⑨長月 ⑩神無月 ⑪霜月 ⑫師走

②アドバイス
「銀世界」は、雪が一面に積もったながめの景色のことです。

クイズ
①ア ②ウ ③エ ④イ
2 ①ウ ②イ ③オ ④エ ⑤ア ⑥カ

①アドバイス
「—」は作品名に元にした漢字があります。平仮名・片仮名は音だけ、意味はありません。「〜」は、字の発音をしめすために音だけで意味はありません。「a・i・u・e・o」の「あ・い・う・え・お」のように、一字「—」で一音を表します。「、」「。」「・」の記号は、文字のなかまです。

1 ①(1)イ (2)ウ ②(1)4 (2)3
2 ①季語…赤とんぼ 季節…秋
②(1)2 (2)3 (3)1
3 例 ぬいたばかりの大根で道を指し示して教えている
クイズ ③（「潮干がり」は、春の季語。）

●アドバイス
1 ①(2)「なりにけるかも」の「かも」には、深い感動を表す意味があります。
2 ①「季語」は、季節を表すために俳句によみこむ言葉です。

⑪ かくにんテスト②　25〜26ページ

1 ①早朝(がい) ②たくさん
③そうでなくても ④ふさわしい
2 ①秋 ②冬 ③冬 ④春 ⑤秋 ⑥夏 ⑦夏
⑧春
3 ①エ ②イ ③ウ
4 ①ウ ②イ ③ア
5 ①イ・オ〈順不同〉
②2・菜の花

●アドバイス
2 ⑧「雪・雪見・雪かき」などは冬を表す言葉ですが、「雪解け」は春を表す言葉です。
5 ②2の俳句によまれているのは、菜の花が一面にさいている春の夕方の情景です。東の空に月がのぼり始め、太陽が西へしずもうとしている美しい景色を想像してみましょう。3の俳句の季語は「柿」で、季節は秋です。

⑫ 文の組み立て①　27〜28ページ

1 ①ア ②ウ ③イ ④ア ⑤ウ ⑥イ
2 ①姉は 学生です ②ぼくは 行った ③犬は 聞く ④空が 染まる
3 ①美しい ②大空に ③校庭で
4 ①風が(風) ②植えた
5 ①⑦な ①に ②⑦い ①く
クイズ ①

●アドバイス
3 ②は「歌声が→ひびく」③は「試合が→ある」が、主語・述語の関係であることをおさえたうえで、修飾語をさがしましょう。
5 ①「きれいだ」②「軽い」は、どの言葉を修飾するかによって形が変化する言葉です。

⑬ 文の組み立て②　29〜30ページ

1 油絵が・入賞した・兄が・かった
2 ①イ ②ア ③ウ
3 ①⑦母が ①作った ⑦これは ①ケーキです ②⑦日の ①当たる ⑦ぼくは ①歩いた
4 ①例 父がボールペンをくれた。そのボールペンはとても書きやすい。
②例 図工の先生が美しい花びんを作った。その花びんを見たぼくたちは感動した。
クイズ ②（「明日も」が主語で、「雨らしい」が述語。）

●アドバイス
2 ③文全体の主語・述語が「筆箱が・見つかった」で、「妹が(主語)なくした(述語)」の部分が「筆箱が」を修飾しているので複文です。
4 ②は「先生が」と「ぼくたちは」が主語の文に分けます。②のように長い文は、二文に分けることで、わかりやすくなります。

⑭ 接続語の働き　31〜32ページ

1 ①なぜなら・エ ②しかし・イ
③それとも・オ ④ところで・カ
⑤だから・ア ⑥しかも・ウ
2 ①ところが・エ ②それとも・ア
③さて・ウ ④そして・イ
3 ①例 小林さんは責任感が強い。だからみんなに信らいされている。
②例 今日は風が強い。そのうえ、少し前から雨も降りだした。
クイズ ①

●アドバイス
3 ①は「したがって・それで」など、②は「しかも・そして・さらに・それに」などの接続語を使って、二つの文に分けても正解です。

15 指し示す言葉

1
① 大きなチャイムが鳴った
② 大きなチャイムが鳴った

2
① 夜におそい公演に行く
② いい大きな公演に行く
③ 大きな公演を見る
④ バレエのチケットを見る

3
（例）
① その理由は、そのとおり・それはまちがいだ。
② 中へ入って、そちらへとても得意なのは算数だ

4
動物園に、アフリカにいるキリンがいて、えさを食べたり、水を飲んだりする様子を見ることができる。一頭ずつ飼育されていて、楽しそうで、そのえさも鼻用・器用に食べる。

---

16 敬語①

1 ウ ② ア ③ イ
2 イ
3 ご ② お ③ ア
4 ① エ ② オ ③ ア
5
6 ① ア ② ウ ③ ア ④ ウ

アドバイス
クイズ ③

① 「めしあがる」は二文目の主語の「父」を使って省略している。
二文目の文四目の主語「父」は「飲む」器用を鼻用
用いて飲んだりする器「コップ」「注文」三文目の主語

④
ア 「くださる」は尊敬語、「いただく」は謙譲語です。
ウ 「へ」は「へだ・へ」「へだ・へ」に注意しましょう。
「へだ」は「へ」よって「へだ・へ」「へ」ふうになっているのが、「へ」とえが「へ」を取り「へ」ふうになっている「れ」は「れ」もらえないふうが

---

17 敬語②

1 ① へ ② へだ ③ へ ④ さしあげる・なる

アドバイス
クイズ ③
① 「いらっしゃる」は「行く」の尊敬語、「まいる」は「行く」の謙譲語。
③ 「へ」は「へ」「ふうが」「へ」は「へ」「行」は「へ」の謙譲語。
② 「へ」は尊敬語

4
① へ ② へ ③ へ ④ イ

5
① へだ ② ア ③ へ

3
（例）
① 日本には温泉がたくさんある。
② 新幹線に乗って話し合った。

2
（例）
① 主語…私たち
述語…食べた
② 主語…姉が
述語…焼いた

アドバイス
クイズ ③ 重文
1 対等・並立の主語・述語の関係が二組ある文です。

2
① ―線の主語・述語の文に、その文をふくむ文が組みあわさってできている文です。
② 「だ・が・けれど・ても」など接続語のようなつなぎ言葉の複文です。

（例）
① いついらっしゃいますか。発言なさる
② へだ
③ へ

4
① ウ ② イ ③ キスの花粉が飛ぶ

5
① 入生のイルカが泳いでいる。
② 野日本にはいい温泉があへ
③ へ

飛行機に、結論は飛行模に

---

18 かくにんテスト③

1 申し上げ動作り② 謙譲語ぞ
3 お帰りになる尊敬語
4 ① イ ② 謙譲語が使ってお帰りになる
5
① 「父」の料理を先生をめしあがるのはお着目です②へ

アドバイス
クイズ ③
1 数えていて、「父」をへだに他人に伝える場合は、③「父」のように「父」と言いまう。
② 家族の先生をへだに、着目は、尊敬語は対して謙譲語は使って「父」③「父」で来に

2
① 外出する ② お送りする

3
① × ② ○ ③ × ④ ○

4
（例）
① めしあがる
② 参上し上げる

5
（例）
① ごらんになる
② 拝見する
③ お見せしますが
④ 申し訳ございません
⑤ お来られるのとられ・来・なに

1 ①ウ ②ア

2 ①ウ ②オ ③エ ④ア ⑤イ

3 ①ア ②ア ③イ ④イ

4 ①ウ ②ア

🔺ミス ③（この「ほど」は、程度を表す。）

💡アドバイス

1 ①ウ 「しか」は、限定する意味を付け加える言葉です。②ア 「も」は、他のものに付け加える意味を表す言葉です。

4 ②「十枚ばかり」とアの「五分ばかり」の「ばかり」は、だいたいそれくらいという程度を表します。

1 ①しか ②だけ ③など

2 ①ア ②ウ ③エ

3 ①イ ②ア ③ウ

4 ①エ ②ア ③ウ ④イ

🔺ミス ②

💡アドバイス

4 ②「さえ」とア「でも」は、「一例を挙げて、他のものはまして」という意味を付け加える言葉です。

1 ①ウ ②イ ③ア

2 ①う ②です ③られる

3 ①ウ ②イ ③ア ④エ

4 ①そうじの手伝いに行く(の)にちがいない。
②そうじの手伝いに行く(の)かもしれない。
③そうじの手伝いに行くべきだ。

🔺ミス ①

💡アドバイス

1 ②と③の「そうだ」は、直前の言葉の形に注意して見分けましょう。イ「聞いたことを人に伝える」という意味の場合と異なり、直前の言葉が言い切りの形「降る」になります。

1 ①エ ②イ ③ア ④ウ

2 ①まい ②たい ③らしい ④ようだ

3 ①例 (ぼうしが)風にふき飛ばされた。
②例 (次のランナーが)ぼくからバトンをわたされた。

4 ①(お母さんが)妹に花びんの水を取りかえさせる。
②(お母さんが)ぼくに工作の後片付けをさせる。

🔺ミス ②

💡アドバイス

2 ①「まい」は、「〜しないつもりだ」という打ち消しの意志を表す言葉です。

1 ①イ ②ア ③イ ④ア

2 ①木曜日だ ②来ます ③見える ④行きません

3 ①いっしょに海に行きましょう。
②明日は晴れるだろう。
③ぼくは、おうちから本を買うことにした。
④試合に勝つためには、毎日練習することが大切です。

4 私の家の庭には桜の木があります。桜を見ながら、父が言いました。
「この桜は、なくなったおじいちゃんが植えたんだよ。」
私はおじいちゃんを思い出し、思わず胸がいっぱいになりました。

🔺ミス ①

💡アドバイス

1 「です・ます」などで終わる文が敬体、「だ・である」などで終わる文が常体です。

4 作文を書くときは、敬体か常体のどちらかに統一します。ここでは「ある」を「あります」に、「〜った」を「〜りました」に変えます。

26 漢字の形と音・意味②
55〜56ページ

③「召」④「文」
②「主」
（一）「象」
2 共通する部分は、それぞれ

アドバイス

クイズ （一）は「複」②は③は「腹」。

4 ①事・貴 ②せい
3 ①ア性 イ生
2 ①ア司 イ飼 ③ウ国 ④個
（一）ア測 ②ア訪 ③ア清
1 イ側 イ放 イ晴
読み方… 読み方… 読み方…

25 漢字の形と音・意味①
53〜54ページ

アドバイス

クイズ

4 ①ア ②イ ウ
5 ①イ ②エ ③ア
1 （一）ア ②ウ ③イ ④オ

24 かん字テスト④
51〜52ページ

③ほ・ちょう・し・貝・し・ウ
②ひ・りっ・し・ジ・ア
（一）ど・こ・うっ・し・エ
1

28 複数の訓をもつ漢字
59〜60ページ

アドバイス

クイズ

5 ①移る ②現れる
4 ①減る ②破る
3 ①線・絵 ②解く
2 ①ア備 ②イ空 ③ウ混
1 ①ア勤 ②イ努 ③ウ務

27 同じ訓をもつ漢字
57〜58ページ

アドバイス

クイズ （一）は「貴」。②は「績」。

4 ①エ ②ウ ③イ ④カ
3 ①ア ②オ ③イ ウ
2 ①ア厚 ②イ往 ③ウ服

㉙ 複数の意味をもつ漢字 61〜62ページ

1. ①⊝イ ⑵ア ⑶ウ
　②⊝ウ ⑵イ ⑶ア
　③⊝ウ ⑵ア ⑶イ
　④⊝ア ⑵ウ ⑶イ
　⑤⊝ウ ⑵ア ⑶イ

2. ①ウ ②イ ③ア ④イ

3. ①⑦良いか悪いかを決める。　①布地を切る。
　②⑦ものを中に入れる。　①たやす。　⑦なみ。

⊘ミス ②（「現像」の「現」は「あらわす。あらわれる」という意味。）

◉アドバイス

2. ①「夜景」と「光景」の「景」は「けしき」という意味。②「配布」と「散布」の「布」は「広く行きわたらせる」という意味。③「任命」と「命令」の「命」は「言いつける」という意味。④「要点」と「要職」の「要」は「大切なところ。かなめ」という意味。

㉚ かくにんテスト⑤ 63〜64ページ

1. ①務 ②〇 ③備 ④初 ⑤破 ⑥〇

2. ①管・かん ②求・きゅう ③司・し
　④各・かく

3. ①シ・エ ②イ・カ ③頁・ア ④言・ウ

4. ①覚 ②苦 ③降

5. ①イ ②エ

◉アドバイス

5. ①「密集」と「密林」の「密」は「すきまがない」という意味。②「針箱」と「針仕事」の「針」は「はり」という意味。「方針」の「針」は「指し示す方向」、「秒針」と「針葉樹」の「針」は「はりの形をしたもの」という意味。

㉛ 熟語の成り立ち① 65〜66ページ

1. ①ウ・オ・カ ②ア・エ・ク〈順不同〉

2. ①（勝）負・しょうぶ ②往（復）・おうふく
　③（新）旧・しんきゅう ④（公）私・こうし

3. 永久・表現・温暖・豊富〈順不同〉

4. 苦楽・出欠・遠近・天地〈順不同〉

5. ①⑦暑 ①冷 ②⑦悪 ①良
　③⑦減 ①加

⊘ミス ③

◉アドバイス

1. キ「読書」は、「書物を読む」という意味の熟語です。意味が対になる漢字の組み合わせではないので注意しましょう。

㉜ 熟語の成り立ち② 67〜68ページ

1. ①高い山。 ②車に乗る。 ③熱を加える。

2. ①急用 ②山頂

3. ①イ・ウ ②ア・エ〈順不同〉

4. ①養蚕・着陸 ②強敵・大国〈順不同〉

5. ①短縮 ②開幕

6. ①無（限） ②未（完） ③不（便）

⊘ミス ②（「切断」は、意味が似ている漢字を組み合わせた熟語。）

◉アドバイス

4. ①「集金」は「金を集める」という意味で、上の漢字が動作、下の漢字が「――を」にあたるものです。②「美声」は「美しい声。」という意味で、上の漢字が下の漢字を修飾するものです。

㉝ 熟語の成り立ち③ 69〜70ページ

1. ①ア ②イ ③ア ④イ

2. ①準（決勝） ②再（利用） ③好（景気）
　④暴（風雨）

3. ①ウ ②ア ③イ ④イ ⑤ウ ⑥ア

4. ①無 ②不

5. ①的 ②化 ③性

6. ①無表情 ②非常識 ③不安定 ④未解決

⊘ミス ③（「総復習」は「総＋復習」、「低学年」は「低＋学年」で同じ組み立て。）

◉アドバイス

5. ①「的」は「〜のような。〜に似ている」、②「化」は「〜になる。〜にする」、③「性」は「そのような性質がある」の意味を加える漢字です。

34 熟語の成り立ち④

1 (1)半疑　(2)者　(3)報
2 (1)番　(2)大　(3)字
3 (1)東西南北　(2)都道府県
4 (1)四苦八苦　(2)一石二鳥
5 (1)多　(2)総　(3)音
6 (1)有名無実　(2)異口同音

35 かくにんテスト⑥

73~74ページ

1 (1)旧　(2)貨　(3)弱　(4)従
2 ウ・オ・イ・カ・ア・ケ
〈順不同〉
3 (1)温かな水　(2)火を消す
　(3)国に帰る　(4)再び会う
4 (1)未　(2)非　(3)不　(4)無
　(5)未　(6)無　(7)非　(8)不
5 (1)記念日　(2)入学試験
　(3)宇宙飛行士　(4)校内学習発表会
6 (1)イ　(2)ア　(3)イ　(4)ア
　(5)×

36 まとめテスト①

75~76ページ

1 (1)エ　(2)ア　(3)ウ　(4)イ　(ア)
2 (1)ウ　(2)ア　(3)エ　(4)イ
3 ウ
4 (1)イ　(2)ウ
　季語…月・秋
5

37 まとめテスト②

77~78ページ

1 (ア)オ　(イ)ア　(ウ)

2 (1)花が　咲く　(作文)
　(2)海面で　呼吸をする　(作文)
　(3)花が　遊ぶ　(作文)
　(4)セーター
3 (1)ア　(2)え　(3)を
4 (1)イ　(2)ウ　(3)ア
5 (1)例　電話で、先生に先生にお会いした。
　(2)例　商店街で、先生に先生にお会いした。

38 まとめテスト③

79~80ページ

1 (1)験　(2)検　(3)測
　(4)則　(5)険
2 (1)ア　(2)イ　(3)イ
　(2)ア　(3)イ
　(1)イ　(2)ア　(3)イ
3 ア・イ・ウ・エ　(⑤⑥)〈同順〉
4 (1)例　台風で家が備える。
　(2)例　下へ準備が破れる。
5 (1)例　お墓に花を供える。
　(2)例　お祝いに死を供える。